Julia Strobel
Anne Charlotte Sutter

Englisch
fachfremd unterrichten

Schnell gelernt – einfach umgesetzt

Die Basis

1.–4. Klasse

Gedruckt auf umweltbewusst gefertigtem, chlorfrei gebleichtem und alterungsbeständigem Papier.

2. Auflage 2017
Nach den seit 2006 amtlich gültigen Regelungen der Rechtschreibung
© Auer Verlag
AAP Lehrerfachverlage GmbH, Augsburg
Illustrationen: Corina Beurenmeister
Umschlagfoto: © pressmaster/www.fotolia.com
Satz: Typographie & Computer, Krefeld
Druck und Bindung: Franz X. Stückle Druck und Verlag GmbH, Ettenheim
ISBN 978-3-403-**06976**-8

www.auer-verlag.de

Inhaltsverzeichnis

Vorwort

Die Motivation, eine Fremdsprache zu lernen, ist in der Grundschule sehr hoch. Das muss der Englischlehrer[1] berücksichtigen und so spielerisch wie möglich Inhalte vermitteln, damit die Motivation und die Freude weiterhin bestehen bleiben. Der Spaß an der Sprache und die positive Einstellung (fremden) Sprachen und (fremder) Kultur gegenüber stehen im frühen Englischunterricht im Vordergrund. Sie bleiben den Kindern im günstigsten Fall ein Leben lang erhalten und legen den Grundstein für weiteres Sprachenlernen in der Schule und darüber hinaus.

Die Realität stellt sich leider so dar, dass Englischunterricht in der Grundschule – aus Mangel an ausgebildeten Fachkräften – oft fachfremd erteilt wird. Englischlehrern ohne Studium, aber auch denen, die eine Weiterbildung gemacht haben, fehlt dann das notwendige Rüstzeug bzw. die Sicherheit, um einen didaktisch wertvollen und abwechslungsreichen Englischunterricht durchzuführen. Hier setzt unsere Reihe „Englisch fachfremd unterrichten", bestehend aus dem vorliegenden Basisband und jeweils einem Praxisband für die 1./2. und 3./4. Klasse, an – mit dem Ziel, Anregungen für einen erfolgreichen Englischunterricht zu geben. Wir möchten Ihnen, als fachfremd unterrichtenden Englischlehrer, aber nichts vorschreiben, sondern mit wertvollen Tipps und Tricks aus der Praxis zur Seite stehen. Jeder hat seine eigenen und persönlichen Angewohnheiten, Erfahrungen, Prinzipien und Rituale im Unterricht. Eventuell müssen die Ideen auf Ihre Schülergruppe, Ihre Persönlichkeit und Ihren Unterrichtsstil angepasst werden. Viele Dinge machen Sie vielleicht schon intuitiv oder aus Ihrem pädagogischen Wissen heraus. Die Inhalte sind so aufbereitet, dass sie allgemein und bundesländerübergreifend gültig sind.

Im vorliegenden Basisband sind Anleitungen, Tipps und Tricks, bewährte Spiele und Reime, Literaturtipps, allgemeine Materialien und viele Anregungen gesammelt, wie Sie sich als fachfremder Lehrer in das Thema Englisch einfach, effektiv und schnell einarbeiten und Ihren Unterricht gestalten können.

Außerdem bieten wir Ihnen Hilfestellungen, wie sie Ihren Unterricht evaluieren sowie sich selbst fortbilden und ihr Englisch, vor allem Ihre Aussprache, verbessern können, um so die notwendige Sicherheit für Ihren Englischunterricht zu erlangen.

Im Anhang finden Sie viel Material, das direkt eingesetzt werden kann. Die Bandbreite reicht hier von Ritual- und Materialkarten über Blankovorlagen für Spiele bis zu Selbst- und Fremdeinschätzungsbögen.

Die beigefügte CD enthält nützliches Audiomaterial: „classroom phrases" und die wichtigsten „chunks", gesprochen von einem „native speaker", sowie ein Aussprachetraining, in dem die wichtigsten Lautbesonderheiten der englischen Sprache behandelt werden, sodass Sie den Kindern ein korrektes Sprachvorbild sein können.

In den zur Reihe gehörenden Praxisbänden („Die Praxis 1./2. Klasse": Bestell-Nr. 06977 und „Die Praxis 3./4. Klasse": Bestell-Nr. 06978) finden Sie passend zum Basisband fertig vorbereitete Englischstunden zu den wichtigsten Themen im Grundschulbereich mit Stundenverläufen, Praxismaterialien und weiterführenden Ideen. Alle drei Bände der Reihe „Englisch fachfremd unterrichten" sind aufeinander abgestimmt, aber auch unabhängig voneinander einsetzbar.

Wir wünschen Ihnen weiterhin viel Spaß und Freude am Unterrichten.

Ihre
Julia Strobel und Anne Charlotte Sutter

---

1 Aufgrund der besseren Lesbarkeit ist in diesem Buch mit Schüler auch immer Schülerin gemeint, ebenso verhält es sich mit Lehrer und Lehrerin etc.

Strobel/Sutter: Englisch fachfremd unterrichten – Die Basis
© Auer Verlag

Bildungsplanbezug

In sämtlichen Grundschulbildungsplänen ist Englisch oder eine andere Fremdsprache inzwischen fest verankert. Je nach Bundesland wird ab der ersten oder ab der dritten Klasse damit begonnen. Üblich sind zwei Wochenstunden in jeder Jahrgangsstufe. Besonderes Augenmerk, vor allem in der ersten und zweiten Klasse, liegt auf dem Hörverstehen und Sprechen, beginnend mit dem Hörverstehen und der Aufnahme der Sprache. Erst ab der dritten Klasse werden langsam auch die Schrift und das Lesen der Fremdsprache eingeleitet, wobei diese dem Hörverstehen und dem Sprechen meist untergeordnet werden.

Die Reihe „Englisch fachfremd unterrichten", sowohl der Basisband als auch die Praxisbände, kann länderübergreifend eingesetzt werden, da sie die wichtigsten Lerninhalte der verschiedenen Bildungspläne behandelt. Die konkrete Durchführung und Planung der Feinziele können Sie individuell an den in Ihrem Bundesland geltenden Bildungsplan anpassen.

Durch den Englischunterricht lernen die Schüler nicht nur eine fremde Sprache, sondern auch die Kultur des anderen Landes kennen. Die Lebenswirklichkeit der Kinder kann dabei mit der der Kinder anderer (englischsprachiger) Länder verglichen werden. Dies kann durch das Erlernen und Vergleichen landestypischer Spiele und Lieder oder das Feiern von Festen (z. B. Geburtstag oder Weihnachten) umgesetzt werden. Auch das Lesen einer Geschichte oder das Zubereiten typischer Speisen oder Getränke trägt dazu bei. Der Kulturvergleich im Englischunterricht kann natürlich auch auf andere Kulturen übertragen werden. Kinder mit Migrationshintergrund erhalten dabei die Gelegenheit, Vergleiche zu ihrer Kultur zu ziehen, Besonderheiten sowie Parallelen zu entdecken und diese ihren Mitschülern zu vermitteln. Vielleicht hatten einzelne Schüler bereits Kontakt zu anderen Sprachen und die gesamte Klasse kann gemeinsam mit den „Expertenkindern" lernen, in der jeweiligen Sprache z. B. bis zehn zu zählen, sich zu begrüßen und zu verabschieden etc. Dies fördert die Toleranz innerhalb der Klassengemeinschaft und erweitert das Verständnis der Kinder für unsere multikulturelle Welt und die Menschen, die in ihr leben.

Englisch (fachfremd) in der Grundschule unterrichten

Der Englischunterricht in der Grundschule hat seine ganz speziellen Eigenheiten. Dieses Kapitel soll Ihnen die wichtigsten Aspekte des Englischunterrichts mit zahlreichen Beispielen und Erläuterungen nahebringen, sodass Sie und Ihre Schüler viel Freude an diesem ganz besonderen Fach haben können.

1. Rituale

Noch mehr als in anderen Fächern sind Rituale im Englischunterricht der Grundschule von großer Bedeutung. Dadurch, dass bestimmte Redemittel, Unterrichtsabfolgen etc. stets im gleichen Muster verwendet werden bzw. ablaufen, wird den Schülern ein Gefühl von Sicherheit vermittelt und das Verstehen der fremden Sprache erleichtert. Vor allem für schwächere Schüler ist das Wiederfinden von Bekanntem und bereits Verstandenem Ansporn, erneut zuzuhören und nach und nach immer mehr in der fremden Sprache zu verstehen und diese letztendlich selbst anzuwenden.

Auch für Sie als Lehrer können Rituale zum Strukturieren Ihres Unterrichts eine große Hilfe sein. Eine bestimmte Stundeneröffnung oder ein stets wiederkehrender Stundenabschluss, das tägliche Erfragen von Wochentag, Monat, Jahreszeit und Wetter, das Feiern spezieller Feste wie Geburtstag oder Weihnachten oder auch der ritualisierte Einsatz von Redemitteln sind nur einige Möglichkeiten.

Im Folgenden werden Ihnen einige praxiserprobte Rituale für die Stundeneröffnung und den Stundenabschluss vorgestellt.

Es ist sinnvoll, die Englischstunde klar von den Stunden der anderen Fächer abzugrenzen, damit sich die Kinder voll und ganz auf die Sprache einlassen können. Dafür eignen sich kurze und eingängige Sprüche oder Lieder.

Ritual	Deutsche Übersetzung	Unterrichtsphase
L: *„Switch on your English brains."* S und L: *„Click, clack, done!"* Gesten dazu: Drehbewegung auf Schläfenhöhe *(click, clack)*, Daumen hoch *(done)* und/oder Betätigen eines Drehschalters an der Tafel (KV 1).	L: *„Schaltet eure englischen Gehirne ein."* S und L: *„Klick, klack, fertig!"*	Übergang zur Englischstunde
L hängt Fachkarte Englisch (KV 2) an die Tafel. S und L: *„It's English time now!"*	S und L: *„Jetzt ist Englischzeit!"*	Übergang zur Englischstunde
L: *„Let's roll/jump/run/walk/ swim/fly/skip/crawl/ ... to England."* S führen die entsprechenden Bewegungen am Platz oder im Kreis aus.	L: *„Lasst uns nach England rollen/springen/rennen/ laufen/ schwimmen/fliegen/hüpfen/ krabbeln/..."*	Übergang zur Englischstunde

Song: „Good morning to you" (s. 1.10 Die englische Sprache sprechen: Motivierende Redeanlässe)	Lied: „Good morning to you"	Anfang der Stunde
Song „Hello, Goodbye" (The Beatles)	Lied: „Hello, Goodbye" (The Beatles)	Anfang/Ende der Stunde
L: „*Let's roll/jump/run/walk/ swim/fly/skip/crawl/... back to Germany.*" S führen die entsprechenden Bewegungen am Platz oder im Kreis aus.	L: „*Lasst uns zurück nach Deutschland rollen/springen/ rennen/laufen/schwimmen/ fliegen/hüpfen/krabbeln/ ...*"	Ende der Englischstunde
L: „*Now we switch off our English brains, click, clack. Schaltet eure deutschen Gehirne wieder ein, klick, klick, fertig.*" Gesten dazu: Drehbewegung auf Schläfenhöhe *(click, clack und klick, klack)*, Daumen hoch *(fertig)* und/oder Betätigen eines Drehschalters an der Tafel (KV 1).	L: „*Jetzt schalten wir unsere englischen Gehirne ab, klick, klack.*"	Ende der Englischstunde

Wie bereits erwähnt, sind ritualisierte Redewendungen hilfreich, um das Verstehen zu erleichtern und den Schülern Sicherheit zu geben. Zu ihnen gehören unter anderem auch wiederkehrende Arbeitsanweisungen. Diese sollten Sie in ihrem Wortlaut nicht variieren, um die Schüler nicht zu verunsichern. Auch in anderen Fächern können die Anweisungen als Ritual auf Englisch erfolgen.

Ritual	Deutsche Übersetzung	Verortung im Unterricht
L: „*Can you do this?*" S: „*Yes, we can!*"	L: „*Könnt ihr das?*" S: „*Ja!*"	Motivation, z. B. vor einer Aufgabe
L: „*Are you ready?*" S. „*Yes, we are!*"	L: „*Seid ihr bereit?*" S: „*Ja!*"	Motivation, z. B. vor einer Hörübung
L: „*Take one and pass it around, please!*" S (einzeln): „*Take one and pass it around, please!*"	L/S: „*Nimm eins und gebe es (den Stapel) weiter.*"	Weitergeben von Gegenständen, z. B. Arbeitsblättern (statt Austeilen)
L: „*Take out your pencil/ exercise book/...*" S holen ihren Bleistift aus dem Mäppchen/ihr Heft aus der Schultasche.	L: „*Holt euren Bleistift/euer Heft/... heraus.*"	Zur Vorbereitung eines Arbeitsauftrags
L: „*Show me your pencil/ exercise book/...*" S folgen Anweisung und halten entsprechenden Gegenstand in die Höhe.	L: „*Zeigt mir euren Bleistift/ euer Heft/...*"	Zur Vorbereitung eines Arbeitsauftrags

Vor Beginn der eigentlichen Stunde (oder zu einer anderen festen Zeit im Schulalltag) können Sie sich nach dem Befinden der Schüler erkundigen (*„How do you feel today?"*), das Wetter erfragen (*„What's the weather like today?"*) und an einer Wetterstation (KV 4) einstellen lassen oder den Wochentag, den Monat und die Jahreszeit nennen und als Bildkarten aufhängen lassen (KV 5). Diese Rituale können natürlich erst nach Einführung des entsprechenden Wortschatzes beginnen.

Ein weiteres Ritual ist die Einführung des Miniteachers:
Zu Beginn jeder Englischstunde werden ein oder zwei Miniteacher ausgewählt. Diese dürfen nach vorne kommen und beim ritualisierten Beginn sowie am Ende der Stunde die Rolle des Lehrers übernehmen. Dieses Ritual bietet den Kindern eine Möglichkeit, die englische Sprache in einer bekannten Situation anzuwenden und beim Sprechen sicherer zu werden. Außerdem gewinnen die Kinder dabei zunehmend an Selbstvertrauen beim Auftreten und Sprechen vor der Klasse.

2. Verstehen erleichtern

Gestik, Mimik und Visualisierungen erleichtern es den Kindern, unbekannte englische Wörter und Satzteile zu verstehen und sie sich besser einzuprägen.

Gestik und Mimik

Im Englischunterricht sollte der Lehrer auf eine aussagekräftige Gestik und Mimik achten und diese gezielt einsetzen. Dabei kann er fast schon pantomimisch dem Gesagten Bedeutung verleihen. Beispielsweise können Verben vorgespielt und Gefühle mithilfe des Gesichtsausdrucks und der Stimmlage verdeutlicht werden. Auch Aufforderungen kann der Lehrer mit seiner Mimik und einer aussagekräftigen Geste unterstreichen. In den Praxisbänden ist im Stundenverlauf stets die passende Gestik und Mimik beschrieben, die Sie natürlich auf Ihre Persönlichkeit abstimmen können und sollen. Besonders bei Reimen, Liedern und Gedichten kann das Verstehen der Schüler durch den Einsatz von Gestik und Mimik, die die Kinder auch nachmachen sollen, unterstützt werden. Dies erleichtert das Einprägen neuer Vokabeln und die Verknüpfung mit deren Bedeutung.

Visualisierungen

Im Englischunterricht der Grundschule werden sehr oft Bilder eingesetzt, um das Gesagte visuell zu unterstützen und somit das Verstehen zu erleichtern. Deshalb werden bei der Einführung von neuen Vokabeln Bildkarten benutzt, die auch im weiteren Unterrichtsverlauf immer wieder verwendet werden können. Diese Bilder können während des Sprechens hochgehalten oder an die Tafel geheftet werden. Sie werden fast überall eingesetzt: bei Liedern, Reimen, Geschichten etc. Auch können diese Bilder in kurzen Texten (z. B. Liedtexten) die entsprechenden Wörter ersetzen, um ihn vor allem für junge Schüler schneller verständlich zu machen.
Dabei ist stets zu beachten, dass die Bilder so aussagekräftig und groß sein müssen, dass sie von allen Kindern gut gesehen und erkannt werden können, sodass sie eine wirkliche Verstehenshilfe sind. Mithilfe der Bilder können sich die jungen Lerner die Bedeutung besser merken. Nach mehrmaligem Wiederholen benötigen sie schließlich das Bild nicht mehr. In den Praxisbänden werden in einigen Stunden die dazugehörigen Visualisierungen genau beschrieben.
Für die erste und zweite Klasse werden Bildkarten genutzt, auf denen nur das Bild abgebildet ist. In der dritten und vierten Klasse kann nach der Festigung der Aussprache auch das Schriftbild eingeführt werden. Dazu kann man entweder eine separate Wortkarte einsetzen oder das Wort auf der Bildkarte hinzufügen. Im Materialteil dieses Buches finden Sie Bildkarten zum Grundwortschatz aller Themengebiete, die in den Praxisbänden behandelt werden (KV 8). Mit den Bildern der Bildkarten können Sie verschiedenste andere Materialien herstellen: ein Minibuch (KV 10), ein Quartett (KV 10), ein Memory®-Spiel (KV 10), ein Themenposter (s. 1.8 Lernumgebung gestalten), ein Bildlexikon (KV 9) und vieles mehr. Das Bildlexikon kann den Schülern als Vokabelheft dienen und im Portfolio (KV 13) abgeheftet werden.

Strobel/Sutter: Englisch fachfremd unterrichten – Die Basis
© Auer Verlag

Da Visualisierungen das Verstehen der Sprache sehr gut unterstützen können, eigenen sich Bilderbücher mit schönen, großen und aussagekräftigen Bildern besonders zum Vorlesen im Fremdsprachenunterricht (s. Literaturverzeichnis: Kinderliteratur in englischer Sprache).

3. Classroom phrases

Kurze Sätze, die sich im Unterricht immer wieder wiederholen, prägen sich die Kinder schnell ein. Im Folgenden finden Sie eine Übersicht der meistgebrauchten sogenannten „classroom phrases". Diese können Sie einüben und für Ihren Unterricht übernehmen. Sie können selbstverständlich auch Ihre eigenen „classroom phrases" formulieren. Für das Verständnis der Kinder ist es aber wichtig, dass diese nicht im Wortlaut variieren.

Unterrichtseinstieg und -abschluss	
Good morning, boys and girls!	Guten Morgen, Jungen und Mädchen!
Good morning, Mr/Mrs ...	Guten Morgen, Herr/Frau ...
How are you today?	Wie geht es dir/euch heute?
I'm (not) fine.	Mir geht es (nicht) gut.
Goodbye, boys and girls!	Auf Wiedersehen, Jungen und Mädchen!
Goodbye, Mr/Mrs ...	Auf Wiedersehen, Herr/Frau ...
See you tomorrow!	Bis morgen!
Aufforderungen	
Stand up, please!	Steh(t) bitte auf!
Sit down, please!	Setz(t) euch/dich, bitte!
Repeat after me, please!	Bitte wiederholt nach mir!
Open your books at page ..., please!	Schlagt bitte eure Bücher auf Seite ... auf!
XY, please come to the board!	XY, komm bitte zur Tafel!
Please form a (semi-)circle!	Bildet bitte einen (Halb-)Kreis!
Please go back to your seats/places!	Bitte geht an eure Plätze zurück!
Form two teams, please!	Bitte bildet zwei Teams/Gruppen!
Let's sing/play!	Lasst und singen/spielen!
Are you ready?	Seid ihr bereit?/Bist du bereit?
XY, open/close the window, please!	XY, bitte öffne/schließe das Fenster!
XY, clean the board, please!	XY, bitte putze die Tafel!
Lob und Ermahnung	
Well done!	Gut gemacht!
That's right/wrong/beautiful!	Das ist richtig/falsch/schön!
Be quiet, please!	Sei(d) bitte ruhig!
Attention, please!	Ich bitte um Aufmerksamkeit!
Don't do that!	Lass das!
Listen to me!	Hör(t) zu!

Fragen	
I've got a question!	Ich habe eine Frage!
What's ... in English/German?	Was heißt ... auf Englisch/Deutsch?
Can you help me, please?	Kannst du/könnt ihr mir bitte helfen?
Can I help you?	Kann ich dir helfen?
Can you repeat it, please?	Kannst du das bitte wiederholen?
Can I go to the toilet, please?	Darf ich bitte auf die Toilette gehen?
Do you like ...?	Gefällt dir/Magst du ...?
Can I borrow your ..., please?	Kann ich dein(e/n) ... ausleihen?
Dank und Entschuldigung	
Sorry!	Entschuldigung!
Sorry, I'm late!	Entschuldige die Verspätung!
Thank you!	Danke!
You're welcome!	Gern geschehen!

4. Chunks

Unter „chunks" versteht man Satzeinheiten, die der Lernende als ganze Einheit aufnimmt. Das heißt, beim Sprechen und Verstehen von „chunks" liegt der Fokus nicht darauf, jedes Wort dieser kleinen Satzeinheit zu verstehen, sondern die Bedeutung als Ganzes aus der Situation heraus zu erfassen. Begrüßt der Lehrer die Schüler zum Beispiel zu Beginn jeder Stunde mit „Hello, boys and girls!", werden diese schlussfolgern, dass dies wohl eine Begrüßung sein muss. Verstehen die Schüler die Bedeutung des „chunks", fällt es ihnen leicht, diesen als Ganzes abzuspeichern und sie können ihn selbst situativ anwenden. Die Anwendung von „chunks" im Unterricht erleichtert es den Kindern, sich in der Fremdsprache zu verständigen. Somit wird den Schülern eine Hilfestellung gegeben, um die englische Sprache als Kommunikationsmittel zu nutzen, so wie es in den Bildungsplänen gefordert wird.

Wie führe ich „chunks" ein?

Da die Kinder bei einem „chunk" nicht die Funktion der einzelnen Wörter erkennen und verstehen, muss man ihnen diesen in seiner Ganzheit verständlich machen. Wenn Sie als Lehrer „chunks" im Unterricht einführen, ist es deshalb wichtig, diese in einen angemessenen Situationsrahmen einzubetten und, wann immer es möglich ist, mit Gestik, Mimik oder anderen Visualisierungshilfen zu unterstützen. Wenn Sie beispielsweise den „chunk" „I like/don't like ..." einführen, unterstützen Sie diesen, indem Sie beim Sprechen beide Daumen nach oben bzw. nach unten halten, dabei ein glückliches bzw. unglückliches Gesicht machen, nicken bzw. den Kopf schütteln und Ihre Stimmung in der Stimme mitklingen lassen. Je nach Thema kann auf die entsprechende Bildkarte gedeutet bzw. der entsprechende Gegenstand hochgehalten werden. Sobald die Schüler den „chunk" verstanden haben, können Sie die dazugehörige Frage „Do you like ...?" stellen und dabei auf einen Schüler zeigen. Am Anfang ist es durchaus erlaubt, den „chunk" mit dem Schüler leise mitzusprechen, um ihm Sicherheit zu geben.

Eine weitere Möglichkeit ist, den Schülern den „chunk" deutlich und möglichst mit Mimik und Gestik unterstützt vorzusprechen. Anschließend wird die deutsche Übersetzung schnell und unbetont hinterher gesprochen, um zum Schluss noch einmal den englischen „chunk" in aller Deutlich-

Strobel/Sutter: Englisch fachfremd unterrichten – Die Basis
© Auer Verlag

keit vorzusprechen. So lernen die Kinder die deutsche Bedeutung, richten aber den Fokus auf das auf Englisch Gesprochene.

In der dritten und vierten Klasse können Sie als Unterstützung die „chunks", die Sie in Ihrer Stunde verwenden, an die Tafel schreiben. So lernen die Schüler zum einen das Schriftbild kennen und haben zum anderen die Möglichkeit, an der Tafel zu „spicken", bis sie sicher genug sind, die „chunks" frei zu sprechen.

Zur Festigung der „chunks" eignet sich besonders gut das „ball game" (s. 1.10 Die englische Sprache sprechen: Motivierende Redeanlässe). Wichtig ist es, den Schülern viele Möglichkeiten zu geben, den „chunk" auszuprobieren und durch Wiederholungen einzuüben.

Einfache „chunks"

What's your name?	Wie heißt du?
My name is …	Ich heiße …
How old are you?	Wie alt bist du?
I'm … years old.	Ich bin … Jahre alt.
Where do you come from?	Woher kommst du?
I come from …	Ich komme aus …
How are you?	Wie geht's dir?
I'm happy/sad/…	Ich bin glücklich/traurig/…
Have you got a …?	Hast du ein(e/n) …?
Yes, I've got a …/No, I haven't got a …	Ja ich habe ein(e/n) …/Nein, ich habe kein(e/n) …
Can I borrow your …, please?	Kann/Darf ich bitte dein(e/n) … ausleihen?
How many XY have you got/can you see?	Wie viel(e) XY hast du/kannst du sehen?
I've got … XY/I can see … XY.	Ich habe … XY/Ich kann … XY sehen.
What can you see/feel?	Was kannst du sehen/fühlen?
I can see/feel a …	Ich kann … sehen/fühlen.
How's the weather?	Wie ist das Wetter?
It's cold/warm/…	Es ist kalt/warm/…
What's this?	Was ist das?
This is a …	Das ist ein(e) …
Where's the …?	Wo ist der/die/das …?
Here/There's the …	Der/Die/Das … ist hier/da.
What's up with you?	Was ist los mit dir?
My … hurts!	Mein(e) … tut weh!
What's your favourite animal/food/…?	Was ist dein Lieblingstier/-essen/…?
My favourite animal/food/… is …	Mein Lieblingstier/-essen/… ist …
What do you like?	Was magst du?
I like …	Ich mag …

Do you like ...?	Magst du ...?
Yes, I like .../No, I don't like ...	Ja, ich mag .../ Nein, ich mag ... nicht.
How do you go to XY?	Wie gehst du zu/nach XY?
I go to XY by ...	Ich gehe zu/nach XY mit dem ...
What colour is the ...?	Welche Farbe hat der/die/das ...?
It's red/blue/...	Er/Sie/Es ist rot/blau/...
What time is it?	Wie viel Uhr ist es?
It's ... o'clock.	Es ist ... Uhr.
What's missing?	Was fehlt?

5. Unterrichtssprache

Einsprachig oder zweisprachig?

Einsprachiger Unterricht soll es sein, aber wie genau soll das funktionieren? Sind die Schüler damit nicht überfordert? Besonders die Kleinen? Überforderung kann man vermeiden, indem man mit viel Gestik und Mimik die Bedeutung unterstreicht und für die Kinder verständlich macht. Außerdem muss man sich nicht stur an die englische Sprache halten. Wenn etwas gar nicht verstanden wird, kann auch zur deutschen Sprache gegriffen werden.

Die Hauptkommunikation sollte aber auf Englisch geführt werden, um den Schülern so viel Input wie möglich zu geben (das sogenannte „Sprachbad"). „So viel Englisch wie möglich, so wenig Deutsch wie nötig" ist hier die Devise.

Es gibt jedoch auch andere Möglichkeiten, z. B. kann man eine Englisch sprechende Handpuppe dabei haben und selbst als deren deutscher Übersetzer fungieren. In manchen Klassen gibt es Schüler, die durch Englischkurse, ältere Geschwister oder Eltern, deren Muttersprache Englisch ist, bereits Kontakt mit dieser Sprache hatten. Diese können gegebenenfalls als Übersetzer dienen. Dabei ist allerdings zu vermeiden, dass die anderen Kinder mit der Zeit davon ausgehen, dass der „Englischexperte" ihnen alles übersetzt und sie sich folglich gar nicht mehr bemühen, selbst Englisch zu verstehen.

Corrective feedback

Im Englischunterricht der Grundschule sollen die Kinder möglichst viel in der Fremdsprache sprechen. Dies zu versuchen, ist nicht einfach und es kostet manche Kinder viel Mut und Überwindung, da der Wortschatz noch gering ist und es auch sonst an Erfahrungen, z. B. in der Grammatik, fehlt. Die Sprechversuche der Kinder geschehen in den ersten Lernjahren überwiegend intuitiv und durch Probieren. Jeder Versuch sollte positiv verstärkt werden.

Vor diesem Hintergrund muss man wissen, wie man das Gesprochene der Kinder im Englischunterricht korrigiert, ohne sie zu verunsichern oder gar zu entmutigen.

Wichtig ist, dass man stets positiv und motivierend auf die Schüleräußerungen reagiert und negatives Fehleraufzeigen vermeidet. Stattdessen sollte stets positives und kindgerechtes Lehrerfeedback gegeben werden.

Macht ein Kind beim Englischsprechen einen Fehler, sollte man die Versuche nicht als falsch abtun und nicht gleich verbessern. Sinnvoller ist es, die fehlerhafte Aussage des Kindes wertzuschätzen, aufzunehmen und in korrigierter Version zu wiederholen. Diese Methode wird als „corrective feedback" bezeichnet. Mit ihr wird die richtige Lösung aufgezeigt, ohne das Kind durch seinen Fehler bloßzustellen und zu demotivieren.

Sinnvoll ist es, die Kommunikation durch eine angehängte Frage weiterzuführen, um somit zu signalisieren, dass das Gesagte verstanden wurde und der Kommunikationsversuch des Kindes erfolgreich war.

Beispiel:

S: „*I **go** to my Grandma yesterday.*"
L: „*Oh, that's nice. You **went** to your Grandma. What did you do there?*"

Auch wenn im englischen Satz deutsche Wörter sind, kann diese Methode angewandt werden:

S: „*I want to have a **Zelt**.*"
L: „*Oh, you want a **tent** for your birthday? That's a good idea.*"

Stummer Impuls

Sicher ist Ihnen die Methode des stummen Impulses aus anderen Unterrichtsfächern bekannt. Auch im Englischunterricht kann diese gut eingesetzt werden, um den Kindern die Möglichkeit zu geben, eigene Vermutungen zu äußern oder einfach passende Vokabeln zu sagen. Dadurch wird das Vorwissen aktiviert und in der Klasse ausgetauscht. Gegenstände (offen oder verdeckt) in der Mitte eines Sitzkreises, ein Einstiegsbild oder die Handpuppe mit einem Gegenstand lassen die Kinder meist viele Ideen entwickeln.

6. Handpuppe

Die Handpuppe kann im Englischunterricht in den verschiedensten Situationen eingesetzt werden. Eine ihrer Hauptaufgaben besteht darin, den Kindern die Scheu vor dem Sprechen zu nehmen und ihnen den Sinn des Erlernens einer Fremdsprache zu verdeutlichen. Da die Handpuppe nur Englisch spricht und versteht, müssen die Schüler versuchen, sich ihr verständlich zu machen. Dabei kommt es nicht auf die korrekte Form an, sondern auf den Mut es zu versuchen, und auch nonverbale Mittel zu Hilfe zu nehmen.

Einsatzmöglichkeiten der Handpuppe

Man kann mit der Handpuppe Spiele oder Dialoge vormachen, um den Kindern anschaulich zu zeigen, wie sie ablaufen sollen und die Schüler an neues Wortmaterial heranzuführen. Lange Erklärungen des Lehrers sind langweilig, doch die Handpuppe nie; vor allem, wenn sie eine lustige Stimme hat, übertriebene Bewegungen macht und einfach ein witziger Kerl ist.

Wiederholungen, um etwas einzuüben, müssen sinnvoll sein, sonst schwindet die Motivation der Kinder schnell. Mit der Handpuppe kann versteckt und spielerisch wiederholt werden, z.B. wenn sie immer wieder etwas vergisst oder falsch sagt und dann von den Kindern verbessert werden muss. So nimmt die Handpuppe den Kindern ganz nebenbei die eigene Angst, etwas falsch zu machen, denn was der netten Puppe passiert, kann bei einem selbst ja auch gar nicht so schlimm sein.

Wenn die Handpuppe zu schwierige englische Sätze sagt, kann die Lehrkraft übersetzen, genauso, wenn die Handpuppe die Kinder nicht versteht. Dadurch werden englische Wörter wiederholt. Die Kinder können diese dann selbst noch einmal sagen, um somit persönlich mit der Handpuppe zu kommunizieren.

Handhabung der Handpuppe

Für die Kinder ist die Handpuppe „lebendig", was für die Lehrkraft bedeutet, dass sie sie nicht einfach irgendwo hinwerfen oder kopfüber in die Tasche stecken kann. Sehr schön ist es, wenn die Handpuppe eine eigene „Wohnung" hat. Das kann eine Kiste, eine Tasche oder ein Koffer sein, in der bzw. dem der Lehrer sie bei Bedarf mit in die Schule bringt, oder auch ein spezieller Platz im Klassenzimmer. Bei der letzten Variante besteht allerdings die Gefahr, dass die Schüler die Puppe außerhalb des Unterrichts zum Spielen benutzen und dadurch die Illusion der Lebendigkeit verloren geht.

Strobel/Sutter: Englisch fachfremd unterrichten – Die Basis
© Auer Verlag

Zusätzlich sollte man immer eine Geschichte parat haben, wenn die Handpuppe einmal nicht im Unterricht erscheint. Ebenso sollte sie nach ihrem Einsatz mit einer kurzen Erklärung auf ihren festen Platz im Klassenzimmer gelegt werden, wie z. B. dass sie müde sei oder den Kindern nun zuschauen möchte.

Üben Sie vor dem Spiegel: Wie müssen Sie die Puppe halten, damit sie die Kinder anblickt oder im Dialog den Lehrer anspricht?

Wahl der Handpuppe und der Rahmengeschichte

Bei der Auswahl der Handpuppe sollten Sie zunächst darauf achten, dass man mit ihr viel Gestik und Mimik machen und sie auch etwas greifen kann. Ansonsten sollten Sie auf Ihr Gefühl hören. Nehmen Sie die Puppe, die Sie gerne spielen und die Sie lebendig machen möchten. Schöne Handpuppen gibt es sehr viele. Die Wahl wird einfacher, wenn Sie einen Laden in der Nähe haben, um die Handpuppen auszuprobieren. Ansonsten gibt es im Internet eine große Auswahl, z. B. unter www.daliono.de.

Probieren Sie aus, welche Stimme Sie Ihrer Puppe geben möchten. Es kommt nicht nur darauf an, dass sie lustig klingt und sich von Ihrer eigenen Stimme abhebt, sondern auch darauf, dass sie mit Ihr über eine längere Zeit sprechen können, ohne Ihre Stimmbänder zu reizen, und natürlich auch darauf, dass die Handpuppenstimme bei jedem Einsatz im Unterricht gleich ist.

Die unverwechselbare Stimme prägt ebenso den Charakter ihrer Handpuppe wie ihr Benehmen, ihre Vorlieben und Abneigungen etc. Überlegen Sie sich eine Rahmengeschichte zu Ihrer Puppe: Wie heißt sie? Woher kommt sie? Was macht sie in der Klasse? Was macht sie gerne? Was kann sie absolut nicht ausstehen? etc. Dadurch bekommt die Puppe eine eigene Identität und wird für die Schüler, ebenso wie für Sie selbst, umso lebendiger.

Anwendungsbeispiele und weiterführende Fachliteratur

In den Praxisbänden dieser Reihe wird in einigen Unterrichtsstunden eine Handpuppe verwendet. Bei den Beschreibungen wird ihr Einsatz detailliert erklärt. Dadurch bekommen Sie einen guten Einblick in die vielfältigen Anwendungsmöglichkeiten.

Außerdem gibt es diverse Fachliteratur. Ein empfehlenswertes Buch ist zum Beispiel „Große Handpuppen ins Spiel bringen" von Olaf Möller (s. Literaturverzeichnis: Fachliteratur).

7. Einsatz von authentischem Material

Die Schüler sollten möglichst viel authentisches Material, insbesondere Tonmaterial, angeboten bekommen. Spiele, Bücher und Lieder, die auch im englischsprachigen Raum von Kindern genutzt werden, vermitteln einen Teil der dortigen Kultur und sind zudem äußerst motivierend.

Durch Tonmaterial erhalten die Kinder ein gutes Sprachvorbild mit dessen Hilfe sie ihre Aussprache verbessern und das Gehör schulen können.

Vor allem englische Bilderbücher sind für den Einsatz im Englischunterricht geeignet (s. 1.9 Die englische Sprache hören und verstehen: Storytelling). Viele englische Kinderbücher sind inzwischen auch auf CD erhältlich, auf der die Geschichte als Hörspiel oder -buch von einem „native speaker" erzählt wird. Dadurch können Sie muttersprachliches Tonmaterial in den Englischunterricht integrieren oder Sie können sich das Hörspiel bzw. -buch zu Hause anhören, um bei der Vorbereitung Ihres eigenen Vortrags des Buches Ihre Aussprache zu üben und zu überprüfen. Zudem können sich die Kinder die Bücher zu Hause oder in der Leseecke selbstständig von der CD vorlesen lassen.

Allerdings sollte man bei Liedern, Geschichten, ... nicht nur mit Tonmaterial arbeiten, da es für die Lernenden sehr wichtig ist, den Sprecher auch zu sehen, um das Verständnis zu erleichtern (s. 1.2 Verstehen erleichtern: Gestik und Mimik). Zudem kann durch das Imitieren der Lippenbewegungen des Sprechers die Aussprache der Fremdwörter besser gelernt werden.

Strobel/Sutter: Englisch fachfremd unterrichten – Die Basis
© Auer Verlag

8. Lernumgebung gestalten

Wie kann man eine für den Englischunterricht passende Lernumgebung im Klassenzimmer gestalten? Ganz einfach! Mit ein paar Visualisierungen hält die englische Sprache schnell Einzug in Ihr Klassenzimmer.

Klassenraum beschriften (ab Klasse 3)

Im Zuge der Einheiten „At home" oder „At school" können Sie mit den Kindern einzelne Einrichtungsgegenstände im Klassenzimmer beschriften. Heften sie laminierte Kärtchen mit der entsprechenden Vokabel an das passende Möbelstück oder den Gegenstand. Dieses Vorgehen kann nach Absprache in der Lehrerkonferenz auf das Schulhaus ausgeweitet werden.

Wetterstation

Hängen Sie eine Wetterstation (KV 4) im Klassenzimmer auf, mit deren Hilfe die Kinder das Wetter einstellen und auf Englisch benennen können. Dies kann als Ritual zu Beginn jeder Englischstunde oder am Anfang des Tages durchgeführt werden, nachdem die Einheit „Weather" mit den Schülern behandelt wurde.

Poster

Zu den Einheiten kann man mit den Kindern Poster zum Thema gestalten. Dazu kann man die Bildkarten (KV 8) nutzen und diese in einen Gesamtzusammenhang bringen. Dadurch bleiben die neuen Vokabeln präsent. Im Gegensatz zu fertig gekauften Vokabelpostern haben die von den Schülern selbst zusammengestellten Plakate den Vorteil, dass sie auf Ihren Unterricht und die Klasse individuell angepasst sind. Eine Pinnwand, auf der jeweils die neuen Vokabeln aufgehängt werden, bringt einen ähnlichen Effekt. Die „alten" Vokabeln können nach der Einheit in einem Klassenwörterbuch abgeheftet werden.

English corner

Richten Sie in Ihrem Klassenzimmer eine Englisch-Ecke („English corner") ein, in der mit Bild- und Wortkarten, Postern, Büchern und Gegenständen die Themenfelder präsentiert werden, die im Unterricht zuletzt behandelt wurden.

Klassenwörterbuch

Ein schön gestalteter Aktenordner mit alphabetisch geordnetem (frühestens ab Klasse 3) oder themenunterteiltem Register kann als Klassenwörterbuch dienen. Die Bildkarten mit Wortbild werden nach jeder Einheit dort eingeheftet. Dieser Ordner sollte gut zugänglich für die Kinder, z. B. in der „English corner", aufbewahrt werden.

Englische Klassenbücherei

Bieten Sie Ihren Schülern englische Kinder(bilder)bücher in der Klassenbücherei oder – wenn thematisch passend – in der „English corner" an, die entweder bereits vorgelesen bzw. erzählt wurden oder zu einem der bereits behandelten Themenfelder passen.

Strobel/Sutter: Englisch fachfremd unterrichten – Die Basis
© Auer Verlag

9. Die englische Sprache hören und verstehen

Der erste Schritt beim Erlernen einer fremden Sprache ist das Hören. Deswegen sollten Sie Ihren Schülern viele Möglichkeiten zum Hören und Verstehen des Englischen geben.

Total Physical Response

Total Physical Response (TPR) bezeichnet eine von Dr. James J. Asher entwickelte Methode des Fremdsprachenlernens, die vor allem für den Unterricht mit Grundschülern gut geeignet ist. Das Ziel dabei ist, die Fremdsprache mit entsprechenden Bewegungen zu verbinden. Somit können die Schüler das Gesprochene visuell erfassen und verstehen, ohne dem Druck ausgesetzt zu sein, selbst sprachlich in Aktion treten zu müssen.

TPR erfolgt in drei Schritten. Für Ihren Unterricht heißt dies konkret:

1) Der Lehrer formuliert eine Anweisung und führt diese gleichzeitig aus. Zum Beispiel: Der Lehrer sitzt auf einem Stuhl, sagt *„Stand up, please!"* und steht dabei auf.

2) Die Kinder beobachten den Lehrer und führen im nächsten Schritt die Anweisung gemeinsam mit ihm aus. In dieser Phase lernen die Kinder, den Inhalt der Aussage/Anweisung zu verstehen, und üben die nonverbale Aktion ein.

3) Nach einigen Wiederholungen können die Kinder selbstständig die Aufforderung des Lehrers nonverbal umsetzen.

Mit dieser Methode lernen die Kinder, verschiedene Anweisungen zu verstehen und angemessen darauf zu reagieren. Zudem findet eine natürliche Interaktion im Englischunterricht statt.

TPR kann auch bei der Vokabeleinübung angewandt werden. Allerdings müssen dafür die zu erlernenden Vokabeln entweder real oder auf Bildkarten im Klassenzimmer vorhanden sein. In diesem Fall lautet die Anweisung etwa „Take the ball!" oder „Give the ball to XY!" und das Kind nimmt den entsprechenden Gegenstand/die entsprechende Bildkarte bzw. gibt diese(n) an einen Mitschüler weiter.

Zum Üben mit TPR-Methode eignen sich auch das Spiel „Simon says" (s. 1.10 Die englische Sprache sprechen: Spiele) und Lieder wie „Head and shoulders, knees and toes" oder „If you're happy and you know it" (s. 1.10 Die englische Sprache sprechen: Lieder).

Storytelling

Kinder lieben es, Geschichten vorgelesen zu bekommen. Im Englischunterricht der Grundschule eignen sich am besten große Bilderbücher mit vielen Illustrationen und wenig Text. Empfehlenswert sind Bücher, die viele Wiederholungen beinhalten, sodass die Schüler beim erneuten Hören mitsprechen können. Außerdem gibt es Bücher, bei denen die Kinder – im Sinne der TPR – Bewegungen mitmachen oder Szenen mitspielen können. Ein sehr beliebtes Beispiel dafür ist „We're going on a bear hunt" von Michael Rosen (s. Literaturverzeichnis: Kinderliteratur in englischer Sprache).
Die Kinder brauchen so viel Unterstützung wie möglich, um die Geschichte zu verstehen. Vorherige Wort- und Themeneinführungen, Bildkarten sowie ausgeprägte Gestik und Mimik sind unbedingt notwendig, damit die Kinder die Geschichte erfassen können und Spaß daran haben. Deshalb ist es wichtig, dass die Lehrkraft die Geschichte vor dem Unterricht einübt. Ist man erst einmal textsicher, kann man sich viel mehr auf die Kinder und die Ausgestaltung der Geschichte konzentrieren. Auch besteht dann die Möglichkeit, die Geschichte zu erzählen und vorzuspielen, anstatt sie Wort für Wort vorzulesen.

Bei der Auswahl geeigneter Bilderbücher können Sie sich folgende Fragen stellen:

- Hat das Buch ansprechende Bilder? (Wenn es auf den Bildern viel zu entdecken gibt, können nach dem Vorlesen Suchspiele als „post-listening activities" durchgeführt werden.)
- Hat das Buch sinnvolle, schöne Bilder, die den Text gut darstellen?
- Hat das Buch einen einfachen, kurzen Text? (Ansonsten müssen Sie diesen selbst vereinfachen und kürzen.)
- Hat das Buch eine kindgerechte, interessante und sinnvolle Handlung?
- Hat das Buch eine einfache Erzählstruktur?
- Hat das Buch ein befriedigendes Ende?
- Vermittelt das Buch erstrebenswerte Wert- und Moralvorstellungen und keine bloßen Vorurteile (in Bildern und Text)?
- Wird die Kultur des englischsprachigen Landes richtig dargestellt?
- Ist das Buch groß genug, sodass alle Schüler die Bilder gut erkennen können? (Ansonsten müssen Sie die Bilder großkopieren, sie am Beamer oder am Tageslichtprojektor zeigen.)

Wenn man selbst das Buch ein paarmal gelesen hat und sich überlegt, was man den Kindern für Verstehenshilfen anbieten kann, erkennt man schnell, ob die Geschichte geeignet ist.

Schrecken Sie nicht vorschnell vor Texten zurück, die viele unbekannte Wörter beinhalten. Die Kinder sollen sich die Wörter nicht alle merken oder sie gar anwenden können, sondern die Geschichte im Zusammenhang verstehen und viel Englisch hören. Hinterher können sie stolz ihren Eltern erzählen: „Ich habe eine ganze Geschichte auf Englisch verstanden!"

Die Handpuppe kann die Kinder zusätzlich loben, indem sie die Lehrperson erstaunt fragt: „*And they really understood the whole story?*" und nach Ihrer positiven Beantwortung erstaunt und bewundernd ausruft: „*Wow, that's wonderful! Good job!*"

Für die Kinder sollte das Vorlesen etwas Besonderes sein. Es bietet sich an, ein Ritual einzuführen, das das bevorstehende Ereignis ankündigt. Zünden Sie die Storytime-Kerze an, setzen Sie sich den Storytime-Hut auf oder eröffnen Sie einfach mit der Ansage „*It's storytime now!*". Schaffen Sie eine Atmosphäre, in der sich Ihre Schüler wohlfühlen, durch die sie in einen freudigen und erwartungsvollen Zustand versetzt werden und sich dann ganz auf die Geschichte einlassen können. Dazu ist es außerdem sinnvoll, die Kinder in den Halbkreis kommen zu lassen. So ist jedes Kind nahe am Geschehen, kann die Bilder und Materialien, die das Verstehen unterstützen sollen, und natürlich den Lehrer selbst besser sehen und hören.

Bevor mit dem Vorlesen oder Erzählen der Geschichte tatsächlich begonnen wird, sollten die Kinder noch durch verschiedene „pre-listening activities" ins Thema eingestimmt werden. Dazu können Vorerfahrungen besprochen, das Titelbild betrachtet oder passende Bilder gezeigt werden. Auch müssen spätestens zu diesem Zeitpunkt wichtige Wörter geklärt werden. Dies hilft den Kindern, sich auf die Geschichte einzustellen, Vorwissen zu aktivieren und so die Geschichte besser zu verstehen. Auch während der Geschichte und danach sollten Sie sich immer wieder vergewissern, ob die Kinder folgen können und die Geschichte so weit verstehen, dass sie sie genießen können.

Die Bilderbücher, die im Literaturverzeichnis dieses Bandes aufgelistet sind (s. Literaturverzeichnis: Kinderliteratur in englischer Sprache), werden in der Fachliteratur oft als „authentisches Material" bezeichnet. Diese Bücher sind nicht speziell für den Fremdsprachenunterricht entwickelt worden, sondern in erster Linie für Englisch sprechende Kinder der jeweiligen Ursprungsländer. Dadurch bieten sie, zusätzlich zur fremden Sprache, einen Einblick in die jeweilige Kultur, die Werte und Lebensweisen des englischsprachigen Landes – auch durch die Bilder und die Erzählweise.

Es gibt jedoch auch Bücher, deren Texte für den Fremdsprachenunterricht vereinfacht wurden. Diese sind sicher eine gute Alternative, wenn Sie den Text nicht selbst vereinfachen wollen und davon ausgehen, dass Ihre Schüler mit der Originalversion überfordert wären.

Bilderbücher eignen sich gut zur Wiederholung von Wörtern eines bestimmten Themenbereichs, aber auch zur Einführung eines neuen Themas oder als Grundlage für eine in sich geschlossene Englischstunde.

In den beiden Praxisbänden dieser Reihe sind ausgewählte Bilderbücher, die zum jeweiligen Themenfeld passen, stets in der Ideensammlung des dazugehörigen Kapitels angegeben.

Lieder von CD

Während Stillarbeitsphasen, in denen keine hohe Konzentration gefordert ist, wie etwa beim Malen oder Basteln, können englische Kinderlieder von CD abgespielt werden. Die Kinder nehmen den Klang der Sprache auf, erkennen einzelne Wörter und bekannte Lieder, singen möglicherweise leise mit und üben so unbewusst die fremde (Aus-)Sprache. Auf der CD „Englische Kinderlieder für die Grundschule" vom Auer Verlag (Bestell-Nr. 06832) finden Sie etliche beliebte englische Kinderlieder, die sich dafür sehr gut eignen.

10. Die englische Sprache sprechen

Nicht alle Ihre Schüler werden ab der ersten Stunde munter versuchen, auf Englisch zu sprechen. Wie beim Erlernen der Muttersprache, gibt es auch beim Zweitspracherwerb eine „silent period", die unbedingt berücksichtigt werden muss. Kein Schüler sollte dazu gedrängt werden, Englisch zu sprechen. Es gibt Kinder, die der Fremdsprache gegenüber sehr offen sind und diese auch gern zu sprechen probieren. Doch genauso gibt es Kinder, die noch unsicher sind und Angst haben, etwas Falsches zu sagen. Geben Sie Ihren Schülern Zeit und führen Sie sie behutsam ans Sprechen heran – dann fassen die jungen Lerner Vertrauen im Umgang mit der fremden Sprache und haben lange Freude daran.

Chorsprechübungen

Der Lehrer spricht das neue Wort vor und die Klasse wiederholt es gemeinsam (eventuell auch mit dem Lehrer). Hört sich langweilig an – muss es aber nicht sein und vor allem ist es wichtig. Um den Klang der neuen Sprache bzw. der neuen Worte ausprobieren zu können, ist das Chorsprechen eine wichtige Übung. Die Kinder haben die Möglichkeit, im Schutz der Klasse den Klang des Gesprochenen auszuprobieren und zu verfeinern, ohne bloßgestellt zu werden.

Um die Übung nicht monoton werden zu lassen, kann man verschiedene Variationen ausprobieren. Unterstützen Sie die Anweisungen mit Gestik und Mimik und machen sie die Variation bereits bei der Anweisung vor. Beispielsweise wird die Aufforderung zum Flüstern („Shhh, whisper!") auch schon geflüstert. Weitere Anweisungen könnten sein:

Only the boys/girls!	Nur die Jungen/Mädchen!
Only children with long hair/short hair!	Nur Kinder mit langen/kurzen Haaren!
Slow!	Langsam!
Fast!	Schnell!
Squeeze your nose!	Halte deine Nase zu!
Like a robot!	Wie ein Roboter!
Right/Left side!	Rechte/Linke Seite!
Like a mouse/lion!	Wie eine Maus/ein Löwe!

Die oben genannten Anweisungen können Sie auch in einem Klappbüchlein (KV 11) verbildlichen. Die Kinder verstehen in der Regel recht schnell, welche Anweisungen visualisiert werden. Somit erspart diese Variante Zeit und schürt die Aufmerksamkeit der Kinder. Ihrer Fantasie und der Ihrer Schüler sind bei den Variationen keine Grenzen gesetzt. Wichtig ist, dass es Spaß macht. Am besten beginnt man mit bekannten Variationen, um den Kindern Sicherheit zu geben. Danach können immer wieder neue Variationen hinzukommen. Damit die Klasse gleichzeitig beginnt, das Wort nachzusprechen, sollte man den Kindern ein Startsignal geben. Bewährt hat sich das stumme Einzählen mit Fingern, das die Schüler auch gerne mitmachen. Es gibt natürlich aber auch andere Möglichkeiten: Einzählen („One, two, three!"), der „Startschuss" einer Filmklappe oder der Auftakt eines Dirigenten. Selbstverständlich können auch einzelne Schüler die Rolle des Lehrers übernehmen und die Anweisung und das Startsignal für die Klasse geben. Wichtig ist, dass man sich auf ein Signal festlegt, um den Kindern einen sicheren Rahmen zu geben.

Ausspracheschulung

Trotz des spielerischen Charakters, der im Englischunterricht der Grundschule im Vordergrund steht, ist es dennoch sehr wichtig, auf die korrekte Aussprache der Kinder zu achten. Spiel und Aussprache sollen aber in keinem Gegensatz zueinander stehen. Vielmehr wird die Ausspracheschulung in sprachlich relevante Situationen eingebettet und macht sich dabei die kindliche Freude am Imitieren und Nachsprechen zunutze.

Methoden hierfür sind unter anderem das reproduktive Sprechen bzw. Singen von Reimen, Liedern, Zungenbrechern, ... Durch das rhythmisierte Sprechen werden ganz unbewusst die richtige Aussprache und Intonation trainiert. Auch beim bereits erwähnten Chorsprechen werden die Schüler zum korrekten Nachsprechen ermuntert.

Der Lehrer ist dabei das wichtigste Sprachvorbild für die Schüler. Dieser Tatsache sollte man sich bewusst sein und stets auf richtige Aussprache und Intonation achten. Allerdings ist zu vermeiden, dass der Lehrer das einzige Modell bleibt. Auf authentischen auditiven, audiovisuellen und interaktiven Medien können die Kinder Sprecher mit unterschiedlichen Stimmfärbungen und Sprechgeschwindigkeiten hören und sich so an reale Kommunikationssituationen gewöhnen.

Während die Kinder etwas auf Englisch sagen, sollte sie die Lehrkraft bei Aussprachefehlern nicht korrigierend unterbrechen. Stattdessen wird das Ausspracheproblem hinterher noch einmal aufgegriffen und mit viel Feingefühl berichtigt. So bleibt die Motivation der Schüler erhalten und es baut sich keine Sprachhemmung auf.

In kurzen Reflexionsgesprächen können die Andersartigkeit, die Unterschiede, aber auch die Ähnlichkeiten der englischen Sprache im Vergleich zur deutschen thematisiert werden. Kinder mit nichtdeutscher Muttersprache sollen hier auch die Möglichkeit erhalten, Vergleiche zu ihrer eigenen Muttersprache zu ziehen.

Im zweiten Kapitel werden die wichtigsten Besonderheiten der englischen Aussprache thematisiert, auf deren Schulung besonders Wert gelegt werden sollte (s. 2.1 Aussprache).

British English oder American English?

In der Grundschule wird meist die Aussprache des Standard British English gelehrt. Dennoch sollte man den Schülern klarmachen, dass es, wie im Deutschen, unterschiedliche Varianten des Englischen gibt. Vor allem die amerikanische Aussprache sollte den Kindern vorgestellt werden (z.B. durch Tonträger auf denen „native speakers" zu hören sind), da diese ihre Lebenswelt, z.B. in Songs, Filmen oder in der Werbung, immer öfter berührt.

Ein sehr deutliches und schönes Beispiel für die Ausspracheunterschiede von British English und American English ist der Song „Let's call the whole thing off" von George Gershwin und Ira Gershwin.

Motivierende Redeanlässe

Wenn Schüler sich ungern zu Wort melden, helfen oft einige einfache Ideen. Zuerst gilt: Wer nicht sprechen will, wird nicht dazu gezwungen. Oft nehmen die Kinder die Sprache erst auf, um sie dann zu reproduzieren, wenn sie bereit dazu sind und mehr Sicherheit erlangt haben. Wer sich jedoch traut, bekommt viel Lob, um das Sprechen für sich selbst und auch für die anderen Schüler attraktiver zu machen. Auch besondere Redeanlässe, wie ein gespieltes Fernsehinterview, das Sprechen durch ein Mikrofon, das Aufnehmen von Gesprochenem für einen besonderen Anlass, Rollenspiele, Miniteacheraufgaben, Spiele, Lieder oder Reime geben oft den nötigen Motivationsschub.

Reime und Zungenbrecher

Reime machen Spaß, auch auf Englisch, vor allem wenn die Kinder sie später stolz ihren Eltern oder Freunden vorsagen können. Außerdem helfen sie den Schülern dabei, sich Wörter und deren Aussprache zu merken. Besonders reizvoll ist es für die jungen Lerner, wenn mit den Reimen Bewegungen verbunden werden. Auch Zungenbrecher erfreuen sich großer Beliebtheit und können gut als Auflockerung in kleinen Zwischenpausen oder am Stundenende eingesetzt werden.

Wie bekommen Sie die Kinder dazu, den Reim mitzusprechen?
Die Kinder werden bei den vielen Wiederholungen, die die meisten Kinderreime bieten, leicht mitsprechen können. Sie müssen aber motiviert werden. Dies kann zum Beispiel durch Blickkontakt geschehen. Schauen Sie während dem Vorsprechen einzelne Kinder aufmunternd an, lächeln Sie oder nicken Sie mit dem Kopf, um sie zum Mitsprechen zu animieren oder sie dafür zu loben.
Man kann auch vor einfachen Wiederholungen eine kleine Pause machen und die Hand an ein Ohr legen, damit die Schüler wissen, dass sie jetzt an der Reihe sind. Zumindest am Anfang sollte der Lehrer aber gleich mit einstimmen und auch die Gesten mitmachen, damit die Schüler sich sicher fühlen.

Außerdem wichtig sind natürlich immer das Lob, das Zulächeln, die Ermutigungen und der eigene Spaß an der Sache.

Im Folgenden finden Sie einige Beispiele für Zungenbrecher und Reime, die Sie im Unterricht verwenden können. Achten Sie darauf, den Kindern die Bedeutung zu erklären (z. B. durch ein Bild oder einen Gegenstand), sodass der Reim oder Zungenbrecher für sie Sinn erhält.

Zungenbrecher

Im Materialteil finden Sie zwei Zungenbrecher-Bildkarten (KV 12). Hierbei gibt es eine Unterscheidung zwischen einfachen und schwierigen Zungenbrechern. Die hier aufgeführten Zungenbrecher, die auch auf der beiliegenden CD zu hören sind, können von Ihnen selbstverständlich beliebig ergänzt werden.

- Bubbling blubber
- Busy buzzing bumble bees
- Cheap ship trips
- Lovely lemon liniment
- A big black bug bit a big brown bear.
- Double bubble gum, bubbles double.
- Each Easter Eddie eats eighty Easter eggs.
- I can think of six thin things and of six thick things too.
- I scream, you scream, we all scream for ice cream!
- Kurt kissed Kate and Kate kicked Kurt.
- Sally sells seashells at the seashore.
- Selfish sharks sell shut shellfish.
- The sun shines on the shop signs.
- Two tiny tigers take two taxis to town.
- Which rich wicked witch wished the wicked wish?

Finger- und Bewegungsreime

Auch zu jedem Finger- und Bewegungsreim gibt es im Materialteil ein passendes Bild (KV 12). Möglichkeiten zu deren Einsatz sind dort ebenfalls aufgeführt.

Strobel/Sutter: Englisch fachfremd unterrichten – Die Basis
© Auer Verlag

Here is the father

Here is the father,	*(mit dem rechten Zeigefinger auf den linken Daumen zeigen)*
here is the mother,	*(mit dem rechten Zeigefinger auf den linken Zeigefinger zeigen)*
here is the sister,	*(mit dem rechten Zeigefinger auf den linken Mittelfinger zeigen)*
here is the brother.	*(mit dem rechten Zeigefinger auf den linken Ringfinger zeigen)*
Father, mother, sister, brother,	*(mit dem rechten Zeigefinger die vier Finger nochmals abzählen)*
hand in hand	
with one another.	*(beide Hände ineinander verschränken und schütteln)*

Incy Wincy Spider

The Incy Wincy Spider went up the water spout.	*(mit den Fingern den Arm hochkrabbeln)*
Down came the rain	*(mit den Fingern Regen andeuten)*
and washed the spider out.	*(mit einer Hand von Kopfhöhe diagonal nach unten bis auf Bauchhöhe rutschen)*
Out came the sunshine	*(mit den Armen Halbkreis über dem Kopf beschreiben)*
and dried up all the rain,	*(„Regen" von den Schultern und Oberarmen streichen)*
so the Incy Wincy Spider went up the spout again.	*(mit den Fingern den Arm hochkrabbeln)*

Dieser Fingerreim kann auch gesungen werden. Die Noten dazu finden sich im Unterkapitel „Ausgewählte Lieder für den Englischunterricht".

Teddy bear, teddy bear

Teddy bear, teddy bear turn around.	*(sich um die eigene Achse drehen)*
Teddy bear, teddy bear touch the ground.	*(mit Fingern Boden berühren)*
Teddy bear, teddy bear show your shoe.	*(Fuß heben und mit Finger auf Schuh zeigen)*
Teddy bear, teddy bear that will do.	*(Daumen nach oben halten)*

Variation:

„Teddy bear, teddy bear" kann auch gespielt werden, indem man ein langes Seil schwingt und ein oder mehrere Kinder darin hüpfen und dabei diesen Reim ausführen.

Five little monkeys

Five/Four/Three/Two little monkeys	*(Zahl mit Fingern zeigen)*
jumping on the bed.	*(auf der Stelle hüpfen)*
One fell off and bumped his head.	*(in die Hocke gehen und beim Wieder-Hochhüpfen mit beiden Händen den Kopf halten)*
Mama called the doctor and the doctor said:	*(kleinen Finger und Daumen abspreizen, Hand als Telefon ans Ohr halten)*
„No more monkeys jumping on the bed!"	*(Zeigefinger ermahnend schütteln)*
One little monkey	*(Zahl mit Finger zeigen)*
jumping on the bed.	*(auf der Stelle hüpfen)*
He fell off and bumped his head.	*(in die Hocke gehen und beim Wieder-Hochhüpfen mit beiden Händen den Kopf halten)*
Mama called the doctor and the doctor said:	*(kleinen Finger und Daumen abspreizen, Hand als Telefon ans Ohr halten)*
„Put those monkeys straight to the bed!"	*(mit dem Zeigefinger streng auf „Bett" zeigen)*

Five little ducks

Five/Four/Three/Two little ducks went out one day	*(Zahl mit Fingern zeigen, Laufbewegung mit Zeige- und Mittelfinger)*
over the hill and far away.	*(mit Hand Hügel nachzeigen, Hand nach vorne und „far away" gedehnt sagen)*
Mother duck said: „Quack, quack, quack, quack!"	*(mit Hand Schnabel formen und auf und zu machen)*
But only four/three/two/one little duck(s) came back.	*(Zahl mit Fingern zeigen)*
One little duck went out one day	*(Zahl mit Finger zeigen, Laufbewegung mit Zeige- und Mittelfinger)*
over the hill and far away.	*(mit Hand Hügel nachzeigen, Hand nach vorne und „far away" gedehnt sagen)*
Mother duck said: „Quack, quack, quack, quack!"	*(mit Hand Schnabel formen und auf und zu machen)*
And all the five little ducks came back.	*(Zahl mit Fingern zeigen)*

Two little eyes

Two little eyes to look around.	*(mit Zeigefingern auf Augen deuten)*
Two little ears to hear each sound.	*(mit Zeigefingern Ohren berühren)*
One little nose to smell what's sweet.	*(mit Zeigefinger auf Nase tippen)*
One little mouth that likes to eat.	*(mit Zeigefinger auf Mund tippen)*

Klatschspiele und Abzählverse

Ähnlich wie Reime können auch Klatschspiele und Abzählverse im Unterricht verwendet werden. Diese nutzen auch englischsprachige Kinder oft und gerne, weshalb sie ein sehr authentisches Material sind. Wenn Sie Klatschspiele und Abzählverse in Ihre Englischstunden integrieren, vermitteln Sie Ihren Schülern damit ein Stück Kultur des englischsprachigen Landes. Im Pausenhof werden diese Spiele selbstständig von den Kindern an andere Schulkameraden weitergegeben und wiederholt.

A sailor went to sea

Die Kinder stehen sich gegenüber. Bei jeder Silbe wird geklatscht, abwechselnd in die eigenen Hände und mit beiden Händen in die Hände des Gegenübers. Am Ende jeder Zeile, bei der Wiederholung des Wörtchens „sea", wird dreimal in die Hände des Gegenübers geklatscht. Begonnen wird mit dem Händeklatschen. Zum Verständnis können Bildkarten gezeigt werden.

A sailor went to sea sea sea
to see what he could see see see.

But all that he could see see see
was the bottom of the deep blue sea sea sea.

Who stole the cookie?

Bei diesem Klatschreim wird im Sprechrhythmus abwechselnd auf beide Oberschenkel und in die Hände geklatscht. Wer aus dem Rhythmus kommt oder den falschen Text spricht, scheidet aus.

Alle Schüler: „*Who stole the cookie from the cookie jar?*"
Alle Schüler außer einer (S1): „*... (S1) stole the cookie from the cookie jar!*"
S1: „*Who me?*"   Alle Schüler außer S1: „*Yes, you!*"
S1: „*Not me!*"   Alle Schüler außer S1: „*Then who?*"
S1: „*... (S2) stole the cookie from the cookie jar!*"
S2: „*Who me?*" usw.

Strobel/Sutter: Englisch fachfremd unterrichten – Die Basis
© Auer Verlag

One, two, buckle my shoe

Um zu entscheiden, wer bei einem Spiel o.ä. beginnen darf, kann man einen englischen Abzählreim verwenden. Dazu stehen die Kinder in einem Kreis und der Lehrer (später auch ein Kind) zählt ab. In jeder Zeile geht es drei Kinder weiter (zwei Zahlen und die Aufforderung). Ist den Kindern der Reim bekannt, sagt der Lehrer nur die Zahlen und die Kinder ergänzen den Satz oder/und führen die Aufgabe aus (Schuhe binden, Tür zumachen, Stöcke – der Einfachheit halber auch Stifte – aufheben und gerade hinlegen und ein Huhn nachmachen).

One, two, buckle my shoe.
Three, four, close the door.
Five, six, pick up sticks.
Seven, eight, lay them straight.
Nine, ten, big, fat hen.

Entspannungsübungen

Pizza, Pizza!

Die Kinder finden sich in Zweiergruppen zusammen. Das erste Kind setzt sich bequem mit dem Bauch zur Lehne auf seinen Stuhl und bettet seinen Kopf auf die Arme. Der Partner setzt sich mit seinem Stuhl dahinter. Der Lehrer gibt die Bewegungsanweisungen und führt die dazugehörigen Bewegungen vor. Das hintere Kind führt die Massagebewegungen auf dem Rücken des Partners aus. Für den nächsten Durchgang werden die Rollen gewechselt.

Let's make the dough.	(Knetbewegungen auf dem Rücken machen)
Let's roll the dough.	(mit den Fäusten auf dem Rücken hoch- und
(Roll it, roll it, ...)	herunterfahren)
Let's put tomato sauce on it.	(mit der flachen Hand Kreisbewegungen machen)
Let's put mushrooms/salami/	(mit den Fingern oder den Handflächen den Rücken
ham/olives/onions/... on it.	sanft abklopfen)
Let's put the cheese on it.	(mit den Fingern auf den Rücken trommeln)
Let's put it in the oven.	(beide Hände flach auf den Rücken legen)
It's done! Let's cut the pizza!	(mit der Handkante auf dem Rücken die „Pizza" in
	Stücke schneiden)

Diese Entspannungsübung kann in abgewandelter Form auch mit dem Lied „The wheels on the bus" oder dem Reim „Incy Wincy Spider" durchgeführt werden.

Lieder

Singen macht Spaß! Kinder im Grundschulalter lieben es zu singen. Deshalb dürfen auch im Englischunterricht die Songs nicht fehlen.

Durch Lieder können sich Kinder die neue Sprache einfacher einprägen und die Aussprache und Betonung üben. Es gibt einige englische Lieder, die den Kindern schon aus dem Deutschen bekannt sind oder von denen sie zumindest die Melodie kennen (z.B. Old MacDonald, Bruder Jakob, Happy Birthday, ...). Hier fällt es den Kindern – und auch dem Lehrer – leicht, den englischen Text einzuüben, da sie die Melodie bereits kennen und somit von Bekanntem auf Neues schließen können.

Lieder einführen

Lieder sollten von Ihnen vorgesungen oder auf CD vorgespielt werden. Die Kinder können dann nach und nach mit dem Singen einsteigen. Unterstützen Sie die Lieder mit Gestik, Mimik und/oder Visualisierungen (z.B. Bildkarten). Zuerst können nur die Gesten mitgemacht werden, dann werden einige Kinder bald schon die Melodie mitsummen. In weiteren Durchgängen wagen sich manche an den Refrain, bis sie sich schließlich sicher genug fühlen, um das Lied ganz mitzusingen.

Welches Kind wie viel von dem Song mitsingt, hängt sehr vom Charakter und natürlich auch vom Leistungsstand des Kindes ab. Auch hier gilt wieder: Kein Kind soll zu etwas gedrängt werden, was es nicht möchte oder bei dem es sich noch unsicher fühlt. Das Kind soll in erster Linie Spaß am Lernen haben.

Gerade beim Singen im Englischunterricht zeigt die Erfahrung, dass auch schwächere und unsichere Kinder Freude haben und den Song gerne so gut wie möglich mitsingen. Wenn man selbst Spaß am Singen hat, viel Gestik und Mimik einsetzt, die Kinder durch Blickkontakt, Zunicken und Anlächeln motiviert und Anerkennung zeigt, sind die meisten Kinder schnell dabei.

Action Songs

Vor allem sogenannte „action songs" sind fürs Englischlernen in der Grundschule sehr sinnvoll. Kinder haben viel Spaß an der Bewegung und können mithilfe von Mimik und Gestik den Inhalt der Lieder leicht erfassen und sich die Bedeutung der gesungenen Wörter einfacher merken. Außerdem geht den Kindern beim Singen die fremde Aussprache viel besser über die Lippen. Je nach Lied kann die Bedeutung auch mit Bildkarten verdeutlicht werden, die bei den Strophen hochgehalten werden oder auf dem Boden liegen und abgelaufen werden können.

Wiederholungen interessant gestalten

Die Kinder brauchen viele Wiederholungen, bis sie ein Lied auswendig können. Es ist erstaunlich, wie oft sie das Gleiche singen können, ohne dass es ihnen langweilig wird. Trotzdem macht es natürlich mehr Spaß, wenn man in verschiedenen Variationen singt, z. B. ganz laut, ganz leise, noch leiser, langsam, schnell, schneller, noch schneller, nur die Jungen, nur die Mädchen, mit verteilten Rollen, abwechselnd oder mit zugehaltener Nase. Hierzu kann auch das Klappbüchlein für Chorsprechübungen genutzt werden (KV 11).

Material für das Singen von Liedern

Im Materialteil finden Sie neben dem Klappbüchlein Liedkarten (KV 12), die Sie nutzen können, um Ihre Schüler Lieder auswählen zu lassen oder ein Lied als Puffer zu ziehen. Daneben dienen Ihnen die Karten als Gedankenstütze, um sich ins Gedächtnis zu rufen, welche Lieder Sie bereits eingeführt haben. Außerdem dienen die Bilder als Visualisierungshilfe, um den Kindern zu verdeutlichen wovon das jeweilige Lied handelt.

Ausgewählte Lieder für den Englischunterricht

Es gibt viele Lieder, die sich für den Englischunterricht besonders eignen. Im Folgenden finden Sie eine Aufzählung einiger der Lieder, die wir als sinnvoll erachten. Diese haben wir für Sie auf einer Extra-CD zusammengestellt: „Englische Kinderlieder für die Grundschule" (Bestell-Nr. 06832). Einige der Lieder sind auch auf den in den Büchern enthaltenen CDs in den Praxisbänden dieser Reihe enthalten.

Strobel/Sutter: Englisch fachfremd unterrichten – Die Basis
© Auer Verlag

Good morning to you

Lied: traditionell, Text: teilweise adaptiert

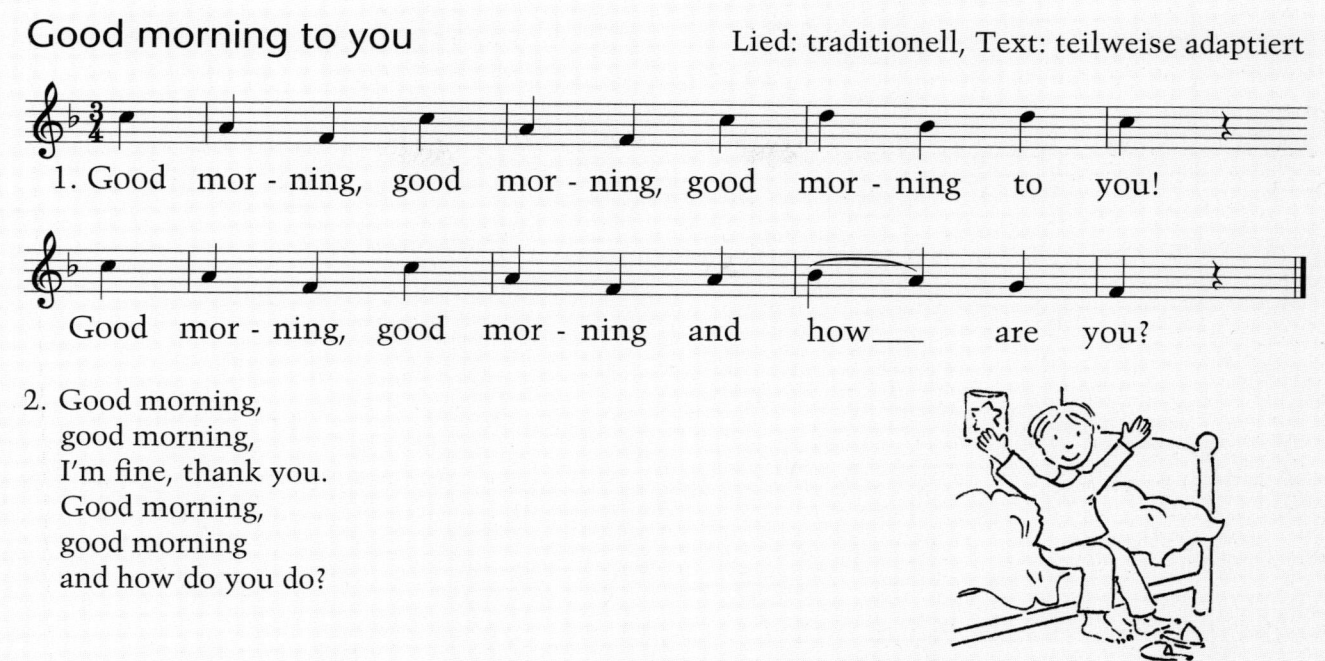

1. Good mor - ning, good mor - ning, good mor - ning to you!

Good mor - ning, good mor - ning and how____ are you?

2. Good morning,
   good morning,
   I'm fine, thank you.
   Good morning,
   good morning
   and how do you do?

Gut einzusetzen als Begrüßungsritual; passt auch zum Themengebiet „Feelings".

Ten little dragons

Lied: traditionell, Text: adaptiert

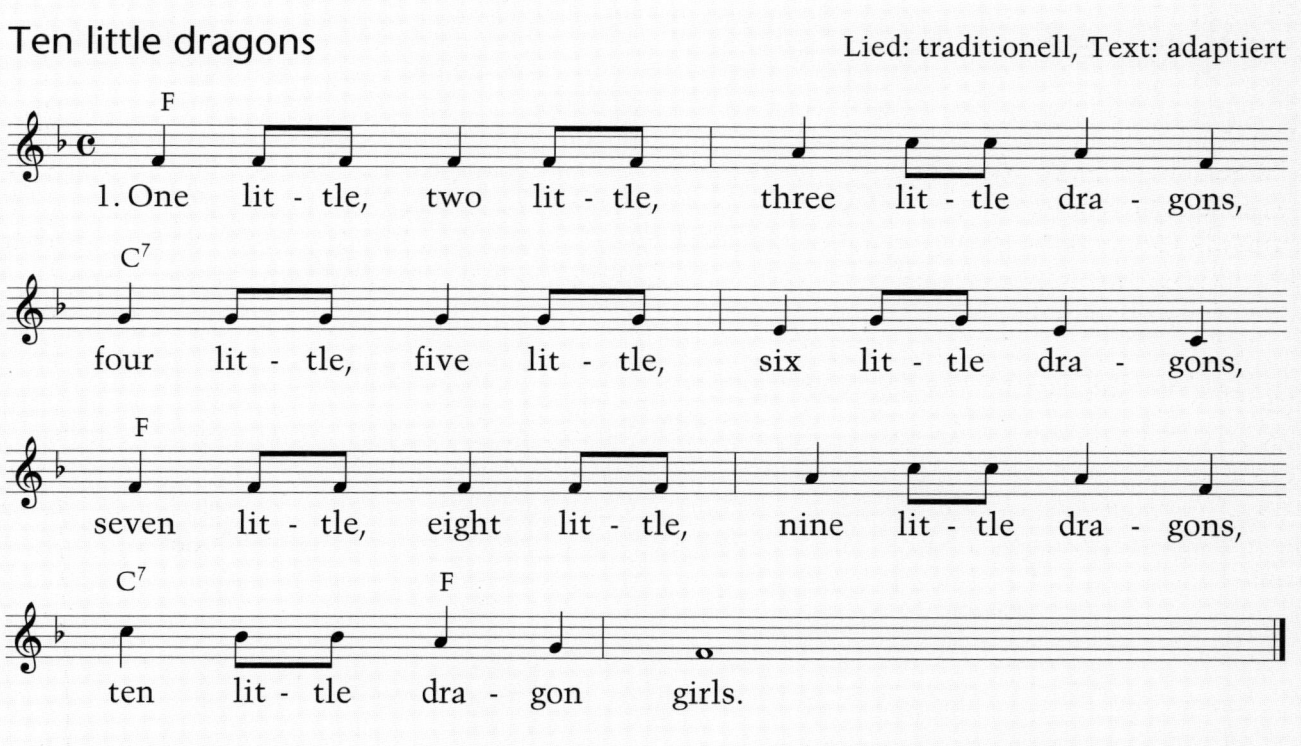

1. One lit - tle, two lit - tle, three lit - tle dra - gons,

four lit - tle, five lit - tle, six lit - tle dra - gons,

seven lit - tle, eight lit - tle, nine lit - tle dra - gons,

ten lit - tle dra - gon girls.

2. One little, two little, three little dragons,
   four little, five little, six little dragons,
   seven little, eight little, nine little dragons,
   ten little dragon boys.

3. One little, two little, three little dragons,
   four little, five little, six little dragons,
   seven little, eight little, nine little dragons,
   ten little dragon kids.

Passt zum Themengebiet „Numbers".

If you're happy and you know it

Lied und Text: traditionell

1. If you're hap - py and you know it, clap your hands. (clap, clap)
   fröhlich grinsen   *auf Mund zeigen*   *Hände in Klatschstellung*   *2 x klatschen*

If you're hap - py and you know it, clap your hands. (clap, clap)
   fröhlich grinsen   *auf Mund zeigen*   *Hände in Klatschstellung*   *2 x klatschen*

If you're hap - py and you know it, then your face is going to show it.
   fröhlich grinsen   *auf Mund zeigen*   *grinsen und mit beiden Zeigefingern aufs Gesicht zeigen*

If you're hap - py and you know it, clap your hands. (clap, clap)
   fröhlich grinsen   *auf Mund zeigen*   *Hände in Klatschstellung*   *2 x klatschen*

2. If you're sad   *(traurig schauen)*
   and you know it,   *(Fäuste unter die Augen legen)*
   wipe your eyes.   *(mit Fäusten Augen reiben)*
   (sneef, sneef)   *(2x schniefen)*

3. If you're angry   *(böse schauen)*
   and you know it,   *(Fäuste ballen)*
   stamp your feet.   *(mit Fäusten auf Oberschenkel hauen)*
   (boom, bang)   *(2x Füße stampfen)*

Passt zu den Themengebieten „Feelings" und „Body parts".

Head and shoulders, knees and toes

Lied und Text: traditionell

Head and shoul - ders, knees and toes, knees and toes,

head and shoul-ders, knees and toes, knees and toes. And eyes and ears and

mouth and_ nose, head and shoul-ders, knees and toes, knees and toes.

Zeigen Sie mit beiden Händen auf die benannten Körperteile. Ziehen Sie am besten die Schuhe aus, damit „toes" als Zehen erkennbar sind.

Passt zum Themengebiet „Body parts".

Strobel/Sutter: Englisch fachfremd unterrichten – Die Basis
© Auer Verlag

Old MacDonald

Lied und Text: traditionell

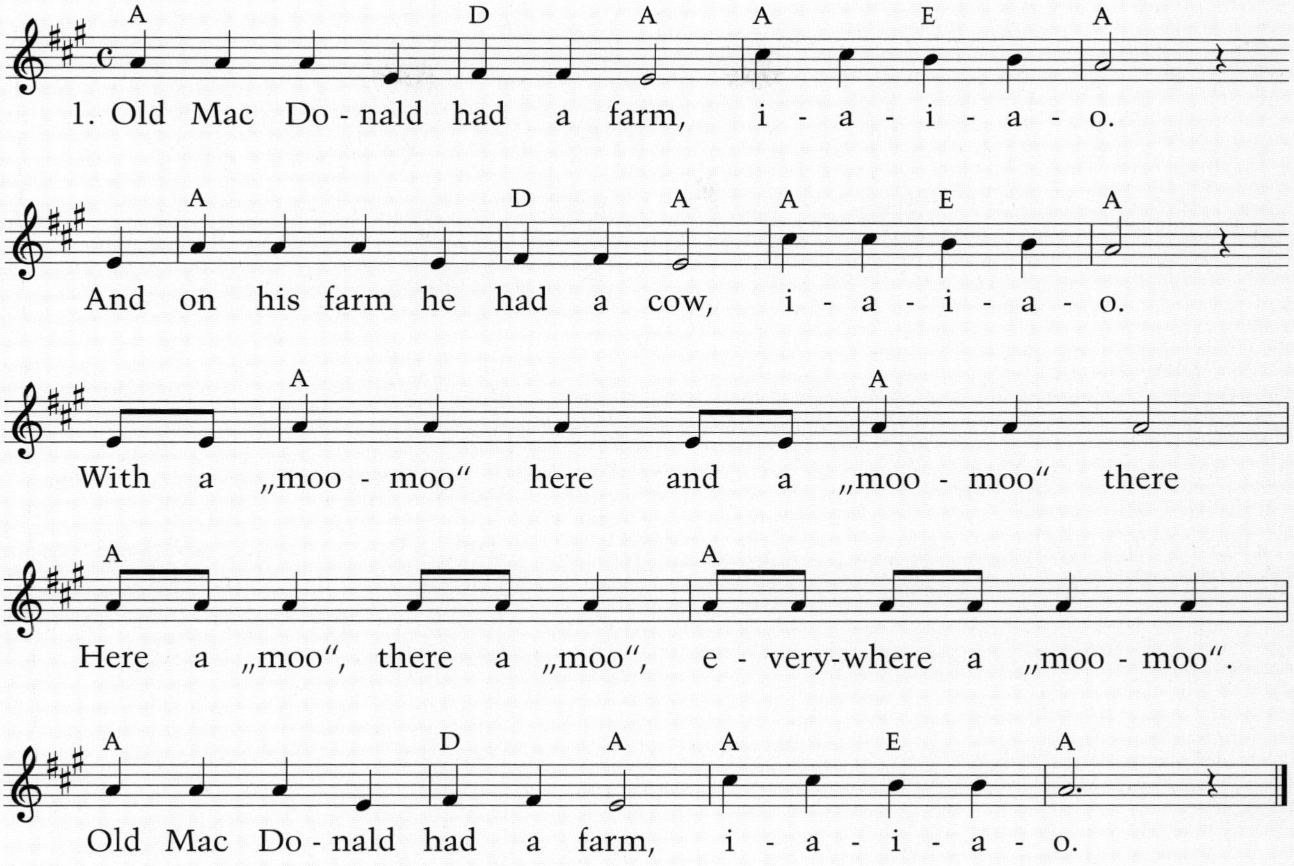
A D A A E A
1. Old Mac Do - nald had a farm, i - a - i - a - o.
A D A A E A
And on his farm he had a cow, i - a - i - a - o.
A A
With a „moo - moo“ here and a „moo - moo“ there
A A
Here a „moo“, there a „moo“, e - very-where a „moo - moo“.
A D A A E A
Old Mac Do - nald had a farm, i - a - i - a - o.

2. sheep: baa baa
3. cat: meow meow
4. dog: woof woof
5. pig: oink oink
6. chick: cluck cluck
7. horse: neigh neigh

Passt zum Themengebiet: „Farm animals“.

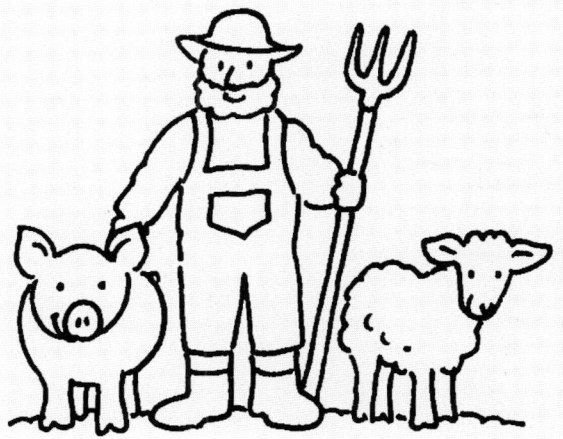

How's the weather?

Lied: traditionell, Text: adaptiert

1. How's the wea-ther? How's the wea-ther? How's the wea-ther eve-ry- one?

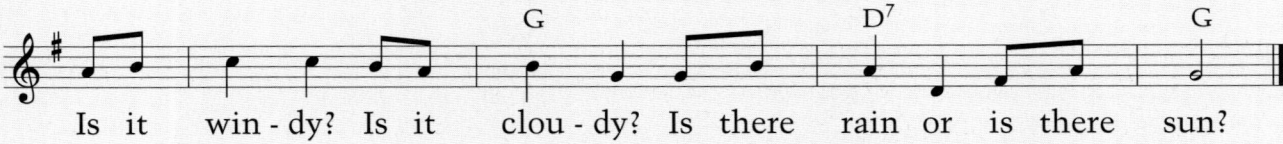

Is it win-dy? Is it clou-dy? Is there rain or is there sun?

2. How's the weather?
   How's the weather?
   How's the weather everyone?
   Is it windy?
   Is it cloudy?
   Is there rain
   or is there sun?

3. Look outside!
   Look outside!
   Look outside everyone.
   Is it windy?
   Is it cloudy?
   Is there rain
   or is there sun?

Passt zum Themengebiet „Weather".

Incy Wincy Spider

Lied und Text: traditionell

The In-cy Win-cy Spi-der went up the wa-ter spout.

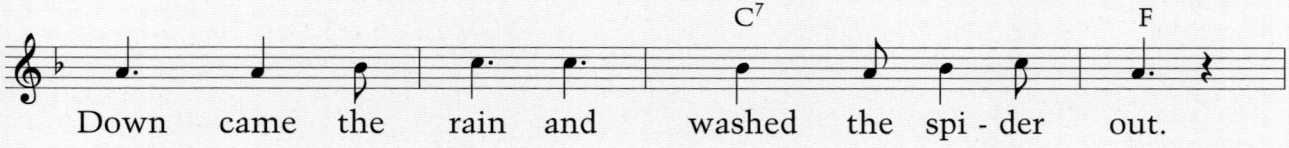

Down came the rain and washed the spi-der out.

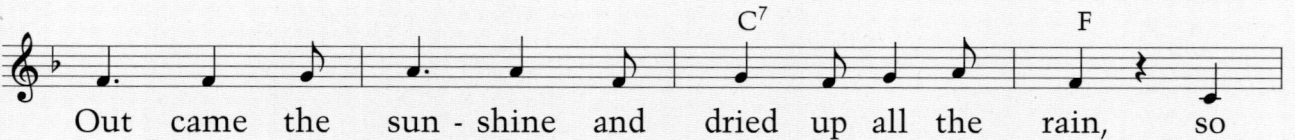

Out came the sun-shine and dried up all the rain, so

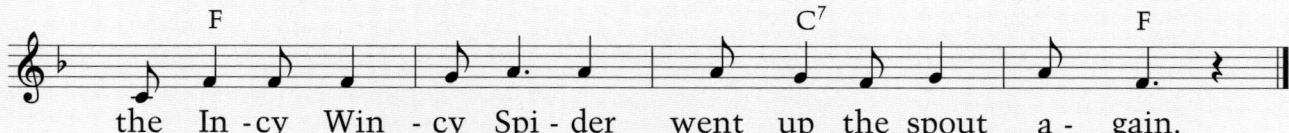

the In-cy Win-cy Spi-der went up the spout a-gain.

Während des Singens des Liedes können die gleichen Bewegungen gemacht werden wie beim gleichnamigen Fingerreim im Unterkapitel „Fingerreime und Bewegungsspiele" beschrieben.

Passt zu den Themengebieten „Weather", „Animals" und „Special days".

Hokey Pokey

Lied und Text: traditionell

1. You put your right hand in, your right hand out,
in großem Kreis stehen, rechte Hand hineinstrecken   *rechte Hand hinter sich aus dem Kreis strecken*

in, out, in, out, shake it all__ out. You do the Ho-key Po-key,
Hand schnell in und aus dem Kreis ziehen, 2x   *Hand ausschütteln*   *klatschen*

and you turn a-round. That's what it's all a-bout.
Finger auf Kopf und um eigene Achse drehen   *im Takt klatschen*

Oh,___ the Ho-key Po-key, Oh,___ the Ho-key Po-key.
zu zweit einhaken und im Kreis drehen   *Richtung wechseln*

Oh,___ the Ho-key Po-key. And that's what it's all a-bout.
Richtung wechseln   *zu zweit voreinander stehen, klatschen und bei „about" mit beiden Händen über den Kopf beim Partner auf die ebenfalls erhobenen Hände klatschen*

2. left hand
3. right foot
4. left foot
5. whole self

Passt zum Themengebiet „Body parts".

We wish you a Merry Christmas

Lied: traditionell, Text: adaptiert

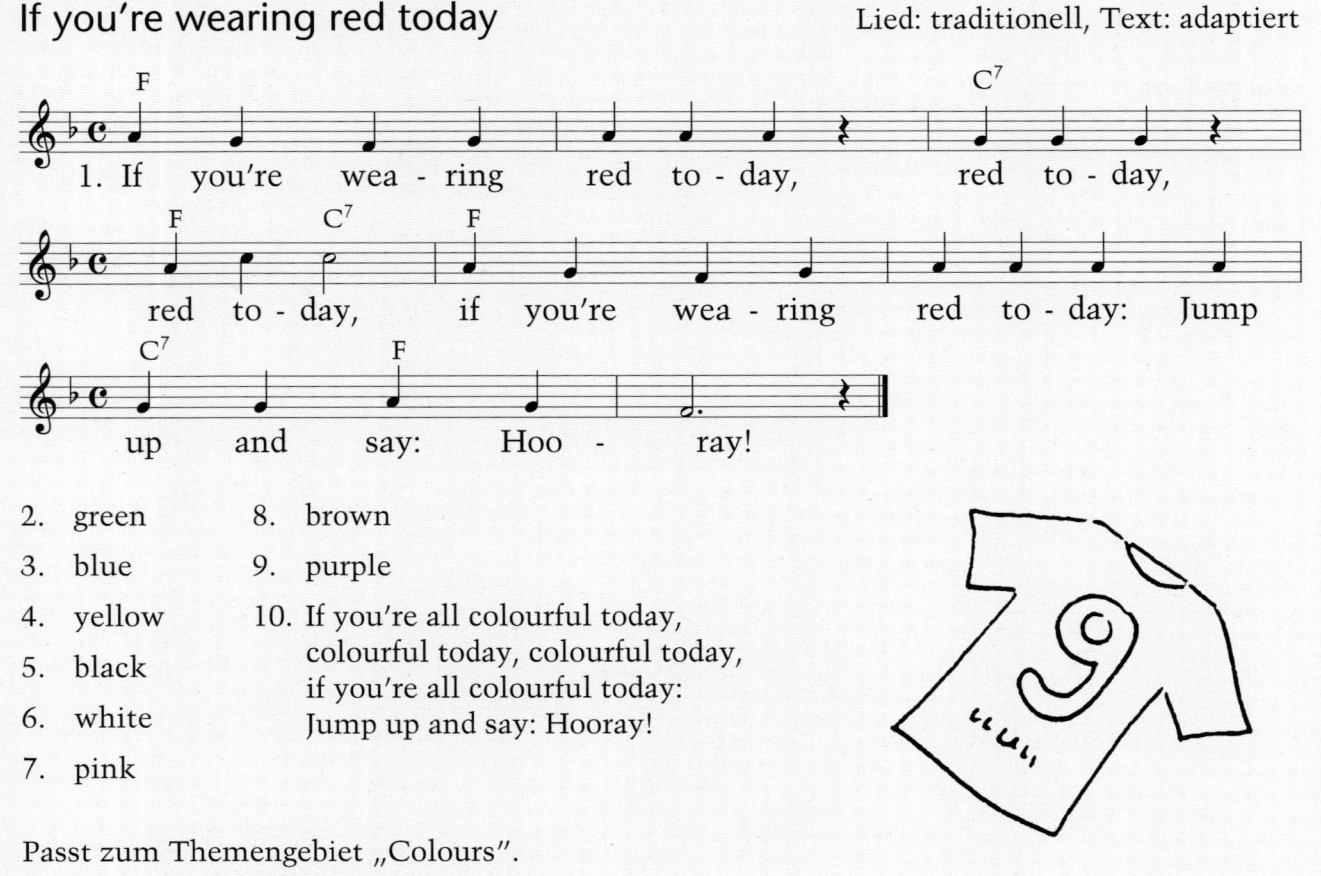

1. We wish you a mer-ry Christ-mas. We wish you a Mer-ry Christ-mas.
We wish you a Mer-ry Christ-mas and a Hap-py New Year.
Good wish-es to you and your fami-ly too;
Good wish-es for Chris-tmas and a Hap-py New Year.

2. We wish you a lot of presents; (3x)
and a big Christmas tree.

3. Your house shall be full of candles; (3x)
and cookies and stars.

4. We wish you a Merry Christmas; (3x)
and a Happy New Year.

Passt zum Themengebiet „Special days".

If you're wearing red today

Lied: traditionell, Text: adaptiert

1. If you're wea-ring red to-day, red to-day,
red to-day, if you're wea-ring red to-day: Jump
up and say: Hoo-ray!

2. green   8. brown
3. blue   9. purple
4. yellow   10. If you're all colourful today,
5. black   colourful today, colourful today,
6. white   if you're all colourful today:
7. pink   Jump up and say: Hooray!

Passt zum Themengebiet „Colours".

The wheels on the bus

Lied: traditionell, Text: teilweise adaptiert

1. The wheels on the bus go round and round, round and round,

round and round, the wheels on the bus go round and round, all through town.

1. *(Immer bei „round" mit den Armen Kreisbewegungen machen.)*

2. The babies on the bus go wa wa wa.
   (Immer bei „wa" die Augen zusammenkneifen, Hände zu Fäusten ballen und mit den Armen strampeln.)

3. The mummies on the bus go shush shush shush.
   (Immer bei „shush" so tun, als würde man ein Baby zärtlich wiegen.)

4. The children on the bus jump up and down.
   (Immer bei „up and down" aufspringen und sich wieder setzen.)

5. The driver on the bus goes don't do that.
   (Immer bei „don't do that" den Zeigefinger mahnend erheben und streng schauen.)

Passt zum Themengebiet „Family".

I like the flowers

Lied: traditionell, Text: adaptiert

I like the spring - time. I like the blue___ skys.

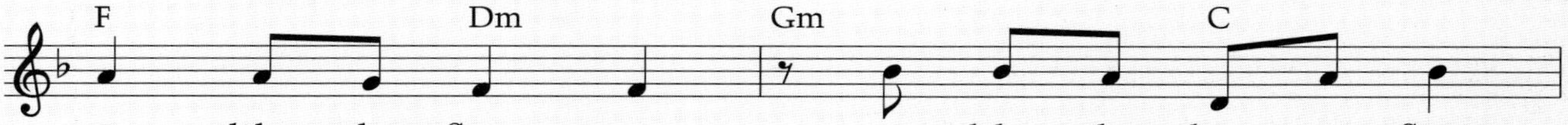

I like the flow - ers. I like the but - ter - flies.

I like to play out-side, when it's nice and warm.

Dum di da di dum di da di dum di da di dum di da di.

Passt zum Themengebiet „Through the year".

Neben diesen Liedern gibt es noch viele andere traditionelle englische Lieder, die sich zum Singen in der Grundschule anbieten. Dazu gehören „Happy birthday to you", „Rudolph the red-nosed reindeer", „I can sing a rainbow", „The happiest Christmas tree" oder auch „Brother John". Die Noten zum letzten Lied sind hier abgedruckt. Allerdings befindet sich das Lied nicht auf der CD „Englische Kinderlieder in der Grundschule".

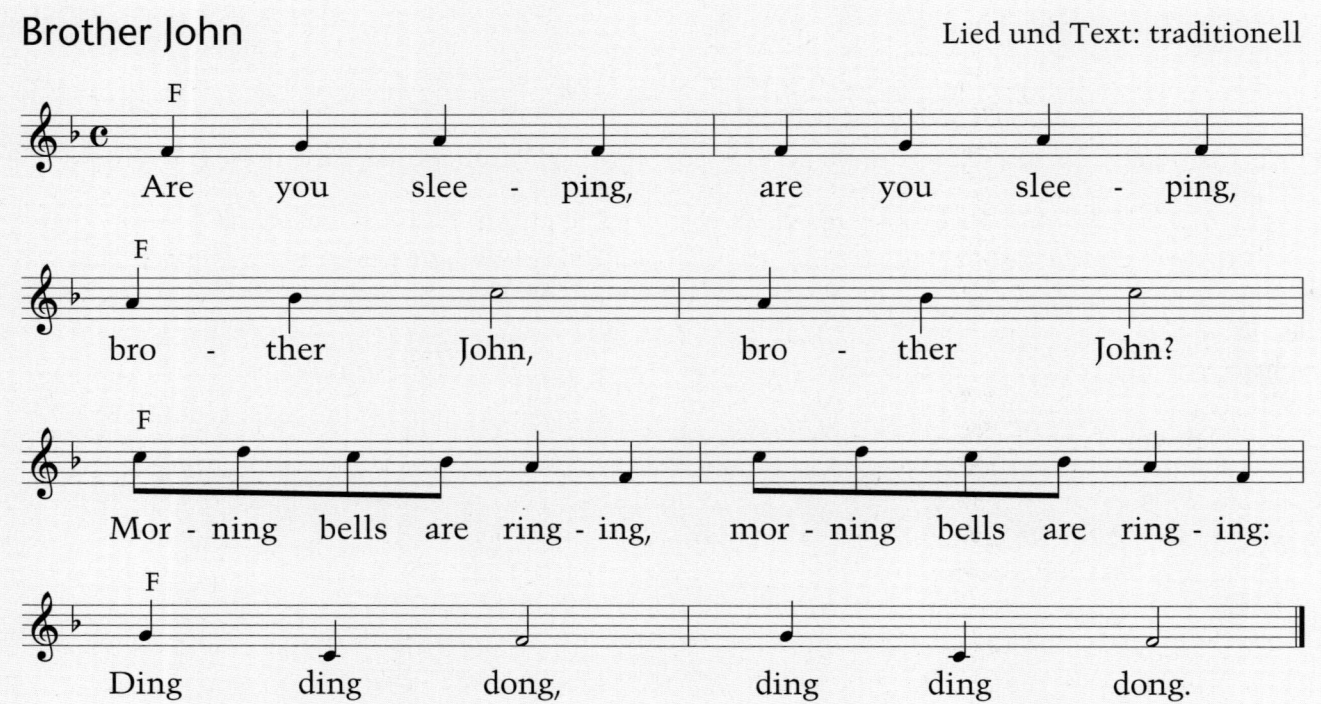

Brother John

Lied und Text: traditionell

Are you slee - ping, are you slee - ping,

bro - ther John, bro - ther John?

Mor - ning bells are ring - ing, mor - ning bells are ring - ing:

Ding ding dong, ding ding dong.

Deutsch
Bruder Jakob, Bruder Jakob,
schläfst du noch, schläfst du noch?
Hörst du nicht die Glocken, hörst du nicht die Glocken?
Ding dang dong, ding dang dong.

Französisch
Frère Jacques, Frère Jacques,
dormez-vous, dormez-vous?
Sonnez les matines, sonnez les matines:
Ding ding dong, ding ding dong.

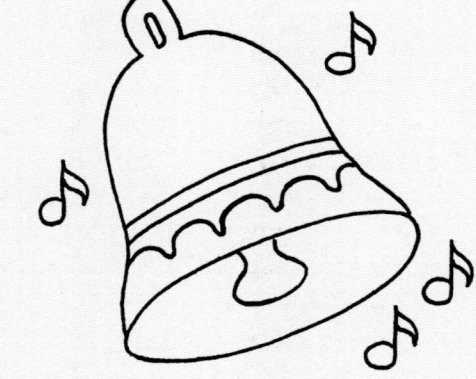

Italienisch
Frà Martino, campanaro,
dormi tu, dormi tu?
Suona le campane, suona le campane:
Din don dan, din don dan.

Dieses Lied gibt es in vielen weiteren Sprachen. Fragen Sie Ihre Schüler, ob sie noch andere Versionen kennen. Vor allem Kinder mit Migrationshintergrund werden stolz sein, ein Stück ihrer Kultur vor der Klasse zeigen zu dürfen.

Spiele

Spiele machen auch auf Englisch Spaß! Man kann viele bekannte Spiele erweitern, übersetzen und für die einzelnen Wortfelder verändern. Beim Spielen werden auf motivierende Art Satzstrukturen und einzelne Wörter eingeübt, wiederholt und angewendet. Der Spaß steht dabei im Vordergrund, was ja besonders bei den Kleinen ein wichtiges Ziel des Englischunterrichts ist. Bei authentischen Kinderspielen wie „I spy with my little eye" wird ein kleines Stück fremder Kultur erlebt und Gemeinsamkeiten zur eigenen Kultur werden erkannt. Im Materialteil dieses Buches sind Spielekarten abgebildet, auf denen die Spiele als Symbol dargestellt und die Namen der Spiele zu lesen sind (KV 12). Sie können verwendet werden, um die Schüler ein Spiel auswählen oder ziehen zu lassen, z. B. als Geburtstagsgeschenk, als Belohnung oder als Ritual am Ende jeder Englischstunde. Außerdem können die Spielkarten als Kartei im Klassenzimmer aufbewahrt und bei Bedarf eingesetzt werden. Zu einigen der Spiele gibt es im Materialteil Blankovorlagen (KV 10), die mit den Bildkarten (KV 8) gefüllt werden können.

Bingo

Jedes Kind bekommt einen Spielplan mit 3x3 Kästchen (KV 10). In diese werden entweder Zahlen geschrieben oder Bilder eines bestimmten Themenfelds hineingemalt, -gelegt bzw. -geklebt (KV 8). Anschließend liest der Lehrer die Zahlen bzw. die zu den Bildern gehörenden Vokabeln in beliebiger Reihenfolge vor. Hat ein Kind die genannte Zahl/Vokabel auf seinem Spielplan, dreht es das Kärtchen um oder streicht das Bild/die Zahl durch. Ziel ist es, eine 3er-Reihe (diagonal, vertikal oder horizontal) umgedreht oder durchgestrichen zu haben. Ist dies der Fall, ruft das Kind „Bingo!" und hat gewonnen.

In my suitcase

Ein Kind beginnt mit dem Satz „In my suitcase I have ..." und fügt einen Gegenstand hinzu. Das nächste Kind wiederholt den Satz mit dem vorher genannten Gegenstand und fügt einen neuen hinzu. So geht es reihum weiter und es entsteht eine Aneinanderkettung von Vokabeln, die die Kinder in der richtigen Reihenfolge aufsagen müssen. Zur Vereinfachung können die genannten Gegenstände als Bildkarten (KV 8) an die Tafel geheftet werden, um eine visuelle Hilfe zu schaffen. Schwieriger wird es, wenn jedes Kind seinen Gegenstand zusätzlich mit einer Geste veranschaulicht, die beim Aufsagen der Wörter ebenfalls wiederholt werden muss.

I spy with my little eye

Ein Kind sucht sich einen Gegenstand im Raum aus und beginnt: „I spy with my little eye something that is ... (Farbe)." Die anderen Kinder raten nun, was gemeint ist. Das Kind, das richtig geraten hat, darf weitermachen. Als Hilfe können Farbkarten (KV 8) auf dem Tisch liegen, damit die Kinder nach dem richtigen Wort fragen oder darauf zeigen können.

Memory®

Die Memory®-Karten (KV 8 und 10), jeweils zwei Karten mit dem gleichen Motiv, werden gemischt und verdeckt in einem Rechteck auf den Tisch gelegt. Es wird der Reihe nach gespielt. Ein Kind beginnt und deckt zwei Karten auf. Dabei benennt es allein oder zusammen mit der Klasse die darauf abgebildeten Motive („This is a(n) ... "). Sind die beiden Motive gleich, darf das Kind die Karten zu sich legen und noch einmal zwei Karten aufdecken. Wenn nicht, ist der Nächste an der Reihe. Wer am Schluss am meisten Karten gesammelt hat, gewinnt. In der dritten und vierten Klasse können statt Pärchen mit gleichem Motiv auch zusammengehörige Bild- und Wortkärtchenpaare gesammelt werden.

One, two, three, please come to me

Alle Kinder sitzen im Stuhlkreis. Ein Stuhl ist leer. Das Kind links davon (Kind 1) fängt an. Kind 1: „One, two, three, ... (Kind 2), please come to me." Kind 2 wechselt den Stuhl und setzt sich neben Kind 1. Das Kind, das jetzt links vom leeren Stuhl ist, macht weiter. Um die Schwierigkeit zu steigern, kann Kind 2 bevor es den Platz wechselt, Kind 1 fragen: „As what?" und Kind 1 darauf antworten: „As a ... (Tier)." Kind 2 wechselt daraufhin den Platz und macht dabei die Bewegungen oder Geräusche dieses Tieres nach.

Fruit salad

Alle Kinder sitzen im Stuhlkreis. Jedes Kind bekommt eine Obstsorte zugewiesen (oder einen Begriff aus einem anderen Themenfeld, z.B. Tiere). Ein Kind steht in der Kreismitte und sagt entweder eine Obstsorte oder „Fruit salad!". Wenn nur eine Obstsorte genannt wird, müssen die Kinder mit dieser Obstsorte die Plätze wechseln, bei „Fruit salad!" wechseln alle. Das Kind in der Mitte muss sich, solange gewechselt wird, einen Stuhl ergattern. Das Kind, das keinen Stuhl mehr bekommt, ist dann in der Mitte. Wird das Spiel mit einem anderen Themenfeld gespielt, wird der Ruf „Fruit salad!" entsprechend angepasst.

Simon says

Die Kinder stehen im Kreis. Der Lehrer fordert die Kinder auf Englisch auf, verschiedene Körperteile zu berühren oder Bewegungen auszuführen. Die Kinder müssen die Anweisungen befolgen, allerdings nur, wenn der Lehrer davor „Simon says" gesagt hat (z.B. „Simon says: Touch your ears!"). Befolgt ein Kind die Anweisung, obwohl „Simon says" nicht gesagt wurde, oder zögert es zu lange, scheidet es aus und setzt sich leise hin. Gewonnen hat das Kind, das zuletzt noch steht.

Poor black cat

Die Kinder stehen oder sitzen im Kreis. Ein Kind ist in der Kreismitte und spielt die „poor black cat". Diese muss versuchen, die anderen Kinder zum Lachen zu bringen. Sie darf immer zu einem Kind gehen und es dreimal anmiauen. Das Kind muss nach jedem Miauen die Katze streicheln und „Poor black cat!" sagen. Dabei darf es nicht anfangen zu lachen. Wer lacht, muss mit der Katze die Rolle tauschen.

Happy families

Die Quartettkarten (KV 8 und 10), immer vier Karten mit gleichem Motiv, werden gemischt und an die Kinder verteilt. Ein Kind (Kind 1) beginnt und fragt ein anderes Kind (Kind 2) nach einer Karte, die es benötigt (z.B. „Do you have a pullover?"). Hat Kind 2 die Karte, muss es diese Kind 1 geben. Wenn nicht, darf Kind 1 eine Karte bei ihm ziehen. Kind 2 darf weitermachen. Wenn ein Quartett voll ist, darf man es ablegen. Ziel ist es, möglichst viele Quartette zu sammeln.

Family Miller

Wählen Sie drei bis fünf typische englische Nachnamen (z.B. Miller, Smith, Jones, Parker, Hill, Carter). Jede Familie besteht aus gleich vielen Familienmitgliedern (z.B. mother, father, sister, brother, grandmother, grandfather, dog, cat). Je nach Klassenstärke werden die Anzahl der Familien und deren Familienmitglieder festgelegt (z.B. gibt es bei 24 Kindern vier Familien mit je sechs Mitgliedern, bei 27 Kindern drei Familien mit je neun Mitgliedern). Nun werden für jede Familie die Mitglieder auf Zettel geschrieben (z.B. mother Parker, father Parker, ...) und an die Kinder verteilt. Jedes Kind liest seinen Namen und versucht, durch Erfragen seine Familie zu finden („Who are you?" – „I'm brother Parker."). Haben sich die passenden Familienmitglieder gefunden, müssen sie sich in einer vorher vereinbarten Reihenfolge übereinander auf einen Stuhl setzen. Anschließend rufen sie gemeinsam ihren Familiennamen. Gewonnen hat die Familie, die sich am schnellsten gefunden, sich in der richtigen Reihenfolge auf den Stuhl gesetzt und ihren Nachnamen gerufen hat.

Mr Crocodile

Dieses Spiel wird auf dem Pausenhof, dem Sportplatz oder in der Turnhalle gespielt. Ein Kind ist Mr (oder Mrs) Crocodile und steht an der einen Seite des Pausenhofs, Sportplatzes oder der Turnhalle. Die anderen Kinder stehen an der gegenüberliegenden Seite. Gemeinsam rufen sie: „Please, Mr (oder Mrs) Crocodile, may we cross the water?" Mr Crocodile antwortet: „Only if you're wearing something blue (oder eine andere Farbe)." Die Kinder vesuchen nun, auf die andere Seite zu rennen, ohne dass Mr Crocodile sie fängt. Die blau gekleideten Kinder können in dieser Runde nicht gefangen werden. Die Kinder, die Mr Crocodile erwischt hat, helfen ihm in der nächsten Runde beim Fangen. Die Kinder, die noch übrig sind, stellen sich ihnen gegenüber auf und rufen erneut: „Please, Mr Crocodile, may we cross the water?" Das Spiel endet, wenn nur noch ein Kind übrig ist. Dieses darf als Nächstes Mr Crocodile sein.

Strobel/Sutter: Englisch fachfremd unterrichten – Die Basis
© Auer Verlag

Hopscotch

Dieses Spiel wird auf dem Schulhof gespielt. Dort malt der Lehrer gemäß der Grafik einen Hüpfplan mit neun Feldern auf. Diese werden entweder nummeriert oder es werden Bildkarten eines Themenfeldes hineingelegt. Außerdem wird ein flacher Stein zum Spielen benötigt. Ein Kind beginnt und wirft den Stein in Feld 1. Nun springt es auf einem Bein los. Das Feld mit dem Wurfstein überspringt es. Feld 4 und 5 betritt es gleichzeitig mit beiden Beinen, ebenso wie Feld 7 und 8. Auf Feld 9 hüpft es beidbeinig. Auf die gleiche Weise springt es zum Anfang zurück. Im Feld vor dem Wurfstein muss das Kind kurz anhalten und den Stein aufheben. Mit diesem in der Hand hüpft es zurück aus dem Spielfeld. So geht das Spiel weiter, bis der Stein einmal der Reihe nach in allen neun Feldern lag. Während des Springens nennt das Kind stets die Zahl oder das Bild des Feldes, auf das es gerade hüpft. Das nächste Kind ist an der Reihe, wenn das erste Kind nicht ins richtige Feld wirft, sich verhüpft oder die falsche Zahl bzw. das falsche Bild nennt. Gewonnen hat das Kind, das zuerst alle neun Durchgänge fehlerfrei meistert.

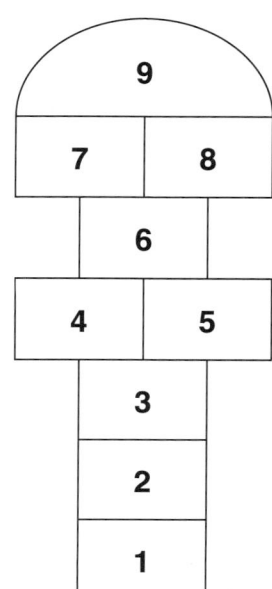

Domino

Bei zwei Spielern werden zwanzig Domino-„Steine" (KV 8 und 10), jeweils zwei aneinanderliegende Kästchen zweier Steine mit dem gleichen Motiv, benötigt. Jedes Kind erhält zu Beginn sechs Steine. Ein Stein wird offen in die Tischmitte gelegt, die restlichen als verdeckter Stapel daneben. Ein Kind beginnt und legt einen seiner Steine an den Startstein an. Dabei benennt es die darauf abgebildeten Motive („This is a(n) … "). Hat es keinen passenden Stein, muss es so lange Steine vom Nachziehstapel ziehen, bis es einen Stein hat, der angelegt werden kann. Dann ist das andere Kind an der Reihe. Gewonnen hat das Kind, das am Ende keine oder die wenigsten Stein hat.

Vokabelspiele

Um Vokabeln zu festigen, müssen diese auf verschiedenste Weise geübt werden. Damit das nicht langweilig wird, sind hier einige Möglichkeiten aufgeführt:

What's missing?

Verteilen Sie Gegenstände eines Themenfeldes in der Kreismitte. Wiederholen Sie mit den Kindern die Vokabeln, indem Sie alle Gegenstände benennen. Nun schließt ein Kind die Augen oder geht aus dem Zimmer. Die anderen nehmen einen Gegenstand weg. Nun muss das Kind raten, was fehlt. Das Spiel kann auch mit Bildkarten (KV 8) gespielt werden, die an der Tafel hängen. Statt ein Kind die Augen schließen oder aus dem Zimmer gehen zu lassen, kann bei dieser Variante zum Wegnehmen einer Karte die Tafel kurz umgeklappt werden.

Vocabulary snake

Die Schüler bilden zwei gleich lange Reihen vor der Tafel. Die ersten beiden Kinder sind die Schlangenköpfe und spielen gegeneinander. Eine Bildkarte wird gezeigt. Der „Schlangenkopf", der das richtige Wort schneller sagt, gewinnt und nimmt den anderen „Schlangenkopf" mit ans Ende seiner Schlange. Zum Schluss bleibt eine Schlange übrig. Damit haben alle Kinder gewonnen und es gibt keinen Streit.

Whispering chain

Die Schüler bilden zwei gleich lange Reihen vor der Tafel. Die beiden hintersten Kinder drehen sich zum Lehrer um. Alle anderen Kinder stehen mit dem Rücken zum Lehrer. Dieser zeigt den beiden hintersten Kindern eine Bildkarte. Diese müssen nun ihren jeweiligen Vordermann antippen und ihm das richtige Wort ins Ohr flüstern. Dieser gibt das Wort wiederum seinem Vordermann auf dieselbe Art weiter, bis das Wort beim vordersten Kind angelangt ist. Dieses ruft das Wort laut heraus. Gewonnen hat die Gruppe, die am schnellsten das richtige Wort herausrufen kann. Für den nächsten Durchgang geht das vorderste Kind ans Ende seiner Reihe.

Find it!

Die Bildkarten eines Themenbereichs (KV 8) werden an verschiedenen Stellen im Klassenzimmer verteilt. Immer ein Kind kommt nach vorne und erhält vom Lehrer einen Suchauftrag (z. B. *„Find the apple!"*). Das Kind muss nun die passende Bildkarte suchen und dem Lehrer bringen.

Es können auch jeweils zwei Kinder mit verschiedenen Suchaufträgen gegeneinander spielen. Das schnellere gewinnt. Eine weitere Möglichkeit ist, dass alle Kinder gleichzeitig spielen. Während die Musik spielt, laufen sie durchs Klassenzimmer. Dann schaltet der Lehrer die Musik ab und gibt einen Suchauftrag. Jetzt müssen die Kinder so schnell wie möglich zur gesuchten Bildkarte laufen. Das letzte Kind scheidet aus.

Snap

Die Kinder bilden Gruppen mit je drei bis sechs Spielern. Jede Gruppe erhält einen Satz Bildkarten eines Themenbereichs (KV 8). Diese Karten werden mit der Bildseite nach oben so ausgelegt, dass jedes Gruppenmitglied sie gut sehen und danach greifen kann. Nun nennt der Lehrer eines der auf den Karten abgebildeten Wörter. Das Kind, das am schnellsten nach der richtigen Karte schnappt, darf sie neben sich legen. Das Kind jeder Gruppe, das am Ende die meisten Karten ergattert hat, ist Gruppensieger.

Pantomime

Achtung, dieses Spiel kann nicht bei allen Vokabeln durchgeführt werden! Ein Kind kommt an die Tafel. Der Lehrer zeigt ihm eine Bildkarte (KV 8). Das Kind versucht, seinen Mitschülern das entsprechende Wort pantomimisch darzustellen, ohne einen Laut von sich zu geben. Die anderen Kinder erraten das Wort.

Silent artist

Achtung, dieses Spiel kann nicht bei allen Vokabeln durchgeführt werden! Ein Kind kommt an die Tafel. Der Lehrer zeigt ihm eine Bildkarte (KV 8). Das Kind versucht, seinen Mitschülern das entsprechende Wort an die Tafel zu malen, ohne einen Laut von sich zu geben. Die anderen Kinder erraten das Wort. Statt eines Kindes kann auch der Lehrer malen und alle Kinder raten.

Clap and stamp

Der Lehrer hält einen Stapel Bildkarten (KV 8) vor seinen Körper, sodass die Kinder das vorderste Bild sehen können. Der Lehrer darf jedoch nicht wissen, um welche Bildkarte es sich handelt. Nun versucht er mit Fragen, die nur mit *„yes"* oder *„no"* beantwortet werden können, die richtige Karte zu erraten: *„Is it...?"* Rät der Lehrer falsch, stampfen die Kinder mit den Füßen auf den Boden. Rät er richtig, wird in die Hände geklatscht und die nächste Bildkarte ist an der Reihe. Natürlich kann auch ein Kind die Rolle des Ratenden übernehmen.

Ball game

Um Frage- und Antwortsätze einzuüben, stellt der Lehrer die entsprechende Frage (z. B.: *„What's your name?"*) und wirft den Ball einem Kind zu. Dieses muss den Ball fangen und die Frage beantworten (hat es Schwierigkeiten, kann der Lehrer vorsprechen: *„My name is…"*). Danach darf dieses Kind die Frage stellen und den Ball zu einem anderen Kind werfen.

Feel it!

Gegenstände eines Themenfeldes oder deren leicht erkennbaren Umrisse aus Pappe werden in einen Fühlsack gelegt. Die Kinder stecken nacheinander eine Hand in den Sack und versuchen, einen Gegenstand zu ertasten und auf Englisch zu benennen. Zur Kontrolle dürfen sie den Gegenstand aus dem Sack holen.

11. Die englische Sprache schreiben

Warum schreibt man das so komisch? Wieso kann man das nicht lesen?
Ab der dritten Klasse wird in den meisten Bundesländern die Schrift mit in den frühen Englischun-

Strobel/Sutter: Englisch fachfremd unterrichten – Die Basis
© Auer Verlag

terricht einbezogen. Aber auch davor werden den Kindern englisch geschriebene Wörter begegnen. Wichtig ist es, den Schülern zu erklären, dass man die englischen Wörter anders schreibt als im Deutschen und man die englische Schreibweise üben muss.

Beispielsweise kann man bei Wörtern, wie z.B. *hat*, die Kinder entdecken lassen, dass es im Englischen Wörter gibt, die es vom Schriftbild her im Deutschen auch gibt, die jedoch eine andere Bedeutung haben (Englisch: *hat* = Hut; Deutsch: *hat* = hat). Ebenso kann man anhand des Schriftbildes gut zeigen, dass im Englischen einige Buchstaben anders ausgesprochen werden als im Deutschen. Zum Beispiel wird der Buchstabe /u/ manchmal wie ein /a/ ausgesprochen: mum [mʌm], sun [sʌn].

Für den Englischunterricht in der Grundschule gilt generell: Die Kinder müssen englische Wörter nicht auswendig schreiben können. Das heißt, die Kinder können z.B. Lückentexte ausfüllen; die dazu benötigten Wörter müssen jedoch neben der Aufgabe, beispielsweise in unterschiedlicher Reihenfolge in einem kleinen Kasten, für die Kinder zum Abschreiben bereitstehen.

Auch wenn in der ersten und zweiten Klasse die Schrift im Englischunterricht normalerweise noch nicht genutzt wird, muss sie nicht ganz verbannt werden. Wortbilder prägen sich auch bei den Kleinen ein. So können ein Bildlexikon (KV 9) oder Minibücher (KV 10) den Kindern helfen, sich das Schriftbild einzelner Wörter besser zu merken.

12. Begegnung mit der englischen Sprache

Normalerweise findet der Englischunterricht stets in einem Schonraum statt. Sie sprechen mit den Schülern Englisch, obwohl (fast) jedes Kind Deutsch besser versteht und das die Kommunikationssprache in allen andern Fächern ist, und Sie und Ihre Schüler können jederzeit zum Deutschen wechseln, wenn etwas auf Englisch nicht verstanden wird. Im echten Kontakt mit Menschen, deren Muttersprache Englisch ist, besteht diese Möglichkeit nicht. Deswegen ist es sinnvoll, wenn Ihre Schüler englischsprechenden Personen „echt" begegnen. Am eindrucksvollsten ist ein Besuch eines Muttersprachlers im Unterricht, aber auch der Aufbau einer E-Mail-Freundschaft mit einer Klasse aus einem Land, in dem Englisch die Muttersprache ist, kann gute Dienste leisten.

Muttersprachler zu Besuch

Falls Sie die Möglichkeit haben, einen englischen Muttersprachler einzuladen, ist das ein besonderes Erlebnis für die Schüler. Sie hören jemanden „richtig" Englisch sprechen. Sie nutzen die Fremdsprache, um zu kommunizieren. Diese Stunde muss gut vorbereitet sein. Man kann einfache Fragen vorbereiten („*What's your name?*", „*Where are you from?*", „*What's your favourite animal?*", …), vielleicht können die Schüler auch etwas auf Englisch aufführen. Nutzen Sie aber trotzdem Bildkarten zur Unterstützung, damit alle dem Gesprochenen gut folgen können.

Im Internet

Über das Internet kann man mit einer Klasse aus einem englischsprachigen Land eine E-Mail-Freundschaft aufbauen. Da dazu die englische Schrift notwendig ist, kann damit frühestens in der vierten Klasse begonnen werden. Der E-Mail-Kontakt bietet sich sehr gut zum landeskundlichen Austausch der Kinder an. So können Ihre Schüler zum Beispiel gemeinsam mit Ihnen eine E-Mail an eine Grundschulklasse eines englischsprachigen Landes schreiben und den Kindern Fragen zu deren (Schul-)Alltag stellen. Man kann die Fragen selbstverständlich auf das Feiern von Festen und Bräuchen und vieles weitere mehr ausweiten. Sicher finden Sie einen Lehrer in einem englischsprachigen Land, der zu einem solchen Austausch bereit ist. Dadurch, dass sich die Kinder beim Schreiben Ihrer eigenen Nachricht stets überlegen müssen, was an ihrem eigenen (Schul-)Alltag in Deutschland für die andere Klasse interessant ist, schärft sich ihr Bewusstsein für die eigene Kultur. Das ist nicht nur für den Englischunterricht, sondern für die Persönlichkeitsentwicklung der Schüler im Allgemeinen eine große Bereicherung.

Strobel/Sutter: Englisch fachfremd unterrichten – Die Basis
© Auer Verlag

13. Leistung bewerten

Es gibt verschiedene Möglichkeiten, Lernstandskontrollen im Englischunterricht der Grundschule durchzuführen. In diesen Kontrollen sollten die unterschiedlichen Lernbereiche abgedeckt sein. Hierbei ist auf den jeweiligen Bildungsplan und die Klassenstufe zu achten.

In der ersten und zweiten Klasse ist es üblich, lediglich Hörverstehen, Sehverstehen und Sprechen zu schulen und demzufolge auch nur diese Bereiche abzuprüfen. In der dritten und vierten Klasse wird langsam das Schriftbild eingeführt, das dann auch mit Hilfestellung abgefragt werden kann. Das auswendige Schreiben von englischen Wörtern wird in der Regel nicht benotet. Wird beim Abschreiben eines Wortes ein Fehler gemacht oder wird das Wort in der Aufgabe falsch zugeordnet, darf dies allerdings als Fehler gerechnet werden.

Im Folgenden sind verschiedene Aufgabentypen, mit denen die einzelnen Lernbereiche besonders gut überprüft werden können, aufgeführt. Abschließend werden das Portfolio als eine Möglichkeit der Leistungsbewertung und seine grundsätzlichen Einsatzmöglichkeiten beschrieben.

Hören

Listen and tick

Die Kinder bekommen ein Arbeitsblatt, auf dem je nach Alter und Kompetenz zwei bis fünf Bilder in einer Reihe abgebildet sind. Der Lehrer benennt eins der Bilder und die Kinder kreuzen das richtige an.

Listen and point

Bereiten Sie ein Arbeitsblatt vor, auf dem Bilder zu den abzufragenden Wörtern zu sehen sind. Lesen sie die dazugehörigen Wörter in anderer Reihenfolge vor, z. B. *„Number one is a dog. Number two is a cow."* Die Kinder nummerieren das jeweils passende Bild richtig.

Colour dictation

Geben Sie der Klasse ein Ausmalbild zu einem bestimmten Themenfeld oder teilen Sie Zeichenpapier aus, auf das die Schüler nach Ihrer Anweisung malen. Diktieren Sie nun, wie das Ausmalbild angemalt werden soll bzw. was die Kinder auf das Zeichenpapier malen sollen, z. B.: *„Colour the apple blue. Colour the banana red. Draw a flower on the banana."*

Sprechen

Speak and point

Die Kinder erhalten ein Arbeitsblatt mit den Bildern eines zuvor gelernten Themenbereichs. Die Kinder benennen eine der Abbildungen auf Englisch und zeigen dabei auf diese.

What can you see?

Dem Kind wird ein Bild gezeigt, in dem es viel zu entdecken gibt und die Vokabeln des Themenbereichs deutlich erkennbar sind. Der Schüler beschreibt das Bild, z. B. *„I can see a ..."* Dieses Aufgabenformat und die passenden Satzkonstruktionen müssen jedoch zuvor in der Klasse geübt worden sein. Die Kinder müssen wissen, was sie erwartet, damit sie die Übung lösen und ohne jegliche Form von Prüfungsangst durchführen können. Damit Sie den einzelnen Schüler richtig beurteilen können, sollten Sie ihn während dieser Übung entweder mit einem Diktiergerät o. Ä. aufnehmen, um seine Leistung danach in Ruhe auswerten zu können, oder Sie erarbeiten sich vorher einen übersichtlichen Beobachtungsbogen, auf dem Sie während der Übung verschiedene Optionen ankreuzen können.

Lesen

Wort-Bild-Zuordnung (ab Klasse 3)

Die Kinder erhalten ein Arbeitsblatt, auf dem Bilder und die dazu passenden Wörter zu sehen sind. Sie bekommen die Aufgabe, die geschriebenen Wörter mit den passenden Bildern zu verbinden.

Strobel/Sutter: Englisch fachfremd unterrichten – Die Basis
© Auer Verlag

Word search puzzle (ab Klasse 3)

Die Kinder erhalten ein Arbeitsblatt mit einem Suchsel, in dem verschiedene Wörter zu einem Thema versteckt sind. Die Wörter sind neben dem Suchsel als Bilder oder auch in geschriebener Form abgebildet. Sie bekommen die Aufgabe, die Wörter im Suchsel zu markieren.

Read and draw (ab Klasse 3)

Teilen Sie den Kindern ein Arbeitsblatt aus, auf dem ein Ausmalbild abgebildet ist und dazu passende Malanweisungen stehen, z. B.: „Colour the apple blue. Colour the banana red. Draw a flower on the banana."

Cross the odd one out (ab Klasse 3)

Die Kinder erhalten ein Arbeitsblatt, auf dem in einer Zeile stets vier bis sechs Wörter (je nach Leistungsstärke der Klasse) stehen. Eines der Wörter passt nicht dazu. Dieses müssen die Kinder durchstreichen.

Schreiben

Lückentexte (ab Klasse 3)

Die Kinder bekommen einen Lückentext, den sie vervollständigen. Als Hilfestellung stehen ihnen die benötigten Wörter in unterschiedlicher Reihenfolge in einem kleinen Kasten auf dem Arbeitsblatt zur Verfügung.

Wort-Bild-Zuordnung (ab Klasse 3)

Die Kinder schreiben Wörter unter die passenden Bilder. Als Hilfestellung stehen ihnen die benötigten Wörter in unterschiedlicher Reihenfolge in einem kleinen Kasten auf dem Arbeitsblatt zur Verfügung.

Unscramble letters (ab Klasse 3)

Die Kinder bringen die Buchstaben, die zusammen in einem Kasten stehen, in die richtige Reihenfolge und schreiben das gefundene Wort auf.

Cross word puzzle (ab Klasse 3)

Die Kinder füllen das Kreuzworträtsel mit den Wörtern, die zu den daneben abgebildeten Bildern passen. Die benötigten Wörter stehen in unterschiedlicher Reihenfolge in einem kleinen Kasten auf dem Arbeitsblatt zur Verfügung

Portfolio

Portfolios sind meist Schnellhefter, in welche die Schüler die Arbeiten einheften können, die ihren Lernerfolg im jeweiligen Fach dokumentieren. Sie helfen den Schülern dabei, ihren eigenen Leistungsstand selbst einschätzen zu lernen. Außerdem ist ein Portfolio eine motivierende Möglichkeit, sich selbst an seine Lernerfolge zu erinnern und diese auch der Familie zu zeigen. Für den Lehrer ist das Portfolio ideal, um sich einen zusätzlichen Eindruck vom Lernstand und der Selbsteinschätzung des einzelnen Schülers zu verschaffen.

Besonders bieten sich fürs Portfolio Selbsteinschätzungsbögen an, die am Ende einer Lerneinheit von den Schülern ausgefüllt und verziert werden können. Um den Schülern den Wert des Portfolios erfahrbar zu machen, kann der Schnellhefter mit einem Deckblatt besonders gestaltet werden. Im Materialteil dieses Buches finden Sie zum einen eine Vorlage für ein Portfolio-Deckblatt, zum anderen eine Blankovorlage für eine Portfolio-Innenseite (KV 13). Letztere ist so gestaltet, dass Sie sie für jeden Themenbereich verwenden können. Lassen Sie die Schüler die entsprechende Themenkarte (KV 7) in den obersten Kasten kleben oder das Thema hineinschreiben. In die Schatzkarten können die Kinder schreiben, malen oder Bildkarten einkleben.

Eigene Weiterbildung und Evaluation des Englischunterrichts

Besonders als fachfremd unterrichtender Englischlehrer fühlt man sich häufig unsicher, weil man das Fach nicht studiert hat, die eigenen Sprachkenntnisse vielleicht nicht perfekt sind oder man sein Wissen nur selten angewendet hat. Natürlich sind eine gute Unterrichtsplanung und viel Übung grundlegend für einen gelingenden Englischunterricht. Daneben spielen aber auch andere Punkte eine wichtige Rolle.

1. Aussprache

Eine gute Aussprache ist für den Lehrer eine wichtige Voraussetzung, um den Schülern ein „sauberes" Englisch beibringen zu können.

Die wichtigsten Lautbildungsbesonderheiten der englischen Sprache

Im Folgenden werden die wichtigsten Besonderheiten der englischen Aussprache thematisiert, auf deren Schulung besonders Wert gelegt werden sollte – sowohl beim Lehrer selbst als auch bei seinen Schülern.

Die hier aufgeführten Beispiele finden Sie als Audiomaterial auf der beiliegenden CD. Da in der Grundschule meist die Aussprache des Standard British English gelehrt wird, wird diese auch auf der CD und bei den Erklärungen verwendet. Die Audioaufnahmen können Ihnen beim Üben Ihrer Aussprache helfen. Zunächst hören Sie sich eines der Beispiele an, dann sprechen Sie es selbst laut nach, um es in einem dritten Schritt nochmal vorgesprochen zu bekommen, sodass Sie Ihre Aussprache und die Musteraussprache auf der CD direkt vergleichen können. Sie können sich auch selbst beim Sprechen aufnehmen, um Ihre Aussprache hinterher ganz genau prüfen zu können.

Die einzelnen Laute können vor dem Spiegel geübt werden. Dies macht Spaß und gibt die Möglichkeit, die Mund- und Zungenstellung und -bewegung selbst zu kontrollieren.

Das „th"

Das /th/ ist wohl der schwierigste zu bildende Laut (z. B. bei den Wörtern „the", „three" oder „brother"). Man unterscheidet dabei zwischen dem stimmlosen /th/ ([θ]) und dem stimmhaften /th/ ([ð]).
Die Zungenspitze berührt bei der Lautbildung die Innenseite der Schneidezähne, während die Luft durch den Mund geleitet wird. Beim [ð] wird zusätzlich noch ein Summlaut erzeugt (wie beim Imitieren einer Fliege).

Beispiele für [ð]:
- the [ði] oder [ðə]
- there [ðeəʳ]
- father [ˈfɑ:ðəʳ]
- mother [ˈmʌðəʳ]
- brother [ˈbrʌðəʳ]

Beispiele für [θ]:
- thanks [θæŋks]
- bath [bɑ:θ]
- think [θɪŋk]
- three [θri:]

Das „w"

Das /w/ wird im Englischen anders ausgesprochen als im Deutschen. Der Laut wird gebildet, indem Ober- und Unterlippe wie beim /o/ geformt werden.

Beispiele für [w]:
- whale [(h)weɪl]
- word [wɜ:d]
- what [(h)wɒt]
- window [ˈwɪndəʊ]

Strobel/Sutter: Englisch fachfremd unterrichten – Die Basis
© Auer Verlag

Das „v"

Das englische /v/ wird wie das deutsche /w/ gesprochen.

Beispiele für [v]:
- very [ˈveri]
- vocabulary [və(ʊ)ˈkæbjələˌri]
- television [ˈtelɪvɪ ʒᵊn]

Achtung:

Bei der Unterscheidung von /w/ und /v/ ist bei den Schülern besonders auf die korrekte Aussprache zu achten. Manche Kinder neigen dazu, die Laute, die sie in der fremden Sprache erlernt und als typische Laute dieser Fremdsprache abgespeichert haben ([w]), auch dann zu sprechen, wenn ein Laut verlangt ist, den sie aus der Muttersprache kennen ([v]). So wird zum Beispiel die Phrase „very well" [ˈveri wel] schnell als „weri well" [ˈweri wel] ausgesprochen.

Das „r"

Bei der Bildung des /r/ wird die Zunge nach hinten gerollt. Der Gaumen wird jedoch nicht berührt.

Beispiele für [r]:
- rabbit [ˈræbɪt]
- red [red]
- right [raɪt]
- very [ˈveri]

Das „ʒ"

Bei der Bildung des stimmhaften Lautes /ʒ/ wird ein „sch" gesprochen.

Beispiele für [ʒ]:
- decision [dɪˈsɪʒᵊn]
- pleasure [ˈpleʒəʳ]

Das „dʒ"

Das /dʒ/ wird stimmhaft gebildet (wie beim deutschen Wort „Dschungel"). Das heißt, das „dsch" wird hierbei mit schwingenden Stimmbändern gesprochen. Die Zunge berührt den Zahndamm, wie beim /d/. Anschließend wird die Luft herausgeblasen. Zur Kontrolle kann man die Finger leicht an den Kehlkopf legen und die Vibration spüren.

Beispiele für [dʒ]:
- cage [keɪdʒ]
- juice [dʒuːs]
- just [dʒʌst]
- magic [ˈmædʒɪk]

Das „æ"

Das /æ/ wird im Englischen sehr offen gesprochen. Dabei soll es vom Klang her mehr an das /a/ anklingen als an das /e/. Diese Unterscheidung ist deshalb sehr zu beachten, da dieser Laut falsch ausgesprochen einem Wort schnell einen anderen Sinn geben kann: z.B.: bad [bæd]: schlecht vs. bed [bed]: Bett.

Beispiele für [æ]:
- can [kæn]
- dad [dæd]
- man [mæn]
- bad [bæd]

Das „ei"

Der Diphtong /ei/ wird im Gegensatz zum deutschen /ei/ tatsächlich aus der Kombination von /e/ und /i/ gebildet.

Beispiele für [eɪ]:

- baby [ˈbeɪbi]
- late [leɪt]
- make [meɪk]
- place [pleɪs]

Stumme Konsonanten

Im Englischen werden manche Konsonanten in bestimmten Buchstabenverbindungen einfach „verschluckt", das heißt, sie werden im Wort nicht ausgesprochen.
Im Folgenden finden Sie eine Auflistung der sogenannten „stummen" Konsonanten mit Beispielen:

stummes **b** in Kombination mit **m:**	climb [klaɪm], lamb [læm]
stummes **g** in Kombination mit **n:**	gnome [nəʊm], gnarled [naːld]
stummes **h:**	honour [ˈɐnər], hour [aʊər]
stummes **k** in Kombination mit **n:**	knee [niː], knife [naɪf], know [nəʊ]
stummes **l:**	could [kʊd], half [haːf], would [wʊd]
stummes **p** in Kombination mit **s:**	psychology [saɪˈkɐlədʒi]
stummes **r:**	iron [ˈaɪən]
stummes **t:**	listen [ˈlisᵊn], castle [ˈkaːsl], Christmas[ˈkrɪs(t)məs]
stummes **w** in Kombination mit **r:**	write [rait], wrong [rɐŋ]

Betonung der Wörter im Englischen

Auch die Betonung spielt für die richtige Aussprache eine wichtige Rolle. Deswegen finden Sie auch dazu Aussprachübungen auf der CD.
Wie im Deutschen liegt die Betonung englischer Wörter gewöhnlich auf der ersten Silbe. Handelt es sich um ein Wort mit Vorsilbe, wird diese im Normalfall nicht betont (z. B. to invite, to subscribe).

Suffixe bleiben stets unbetont (z. B. lovely, friendly, ...).

Vielsilbige Wörter werden in der Regel auf einer Silbe in der Wortmitte betont.
(z. B. hippopotamus [ˌhipəˈpɔtəməs])

Achtung:

Häufig weicht die Betonung der vielsilbigen Wörter (meist lateinischen oder griechischen Ursprungs) von der deutschen Betonung ab. So muss man im Englischen, selbst wenn es im Deutschen dasselbe Fremdwort gibt, oft genau hinhören, um das Wort zu erkennen (z. B. catastrophe [ˌkəˈtæstrəfi]).

2. Wie kann ich meine Englischkenntnisse trainieren und verbessern?

Die eigene englische Aussprache ist meist durch die eigene Schulzeit geprägt. Um als Englischlehrer eine vorbildhafte Aussprache zu entwickeln, ist es sinnvoll, längere Zeit im englischsprachigen Ausland zu verbringen. Im direkten Kontakt mit „native speakers" kann man sich leichter in die Sprache einhören, seine Aussprache verbessern und Sicherheit in der Sprache gewinnen. Da ein solcher Aufenthalt besonders dann schwierig zu verwirklichen ist, wenn man bereits mitten im Berufs- und Familienleben steckt, werden im Folgenden einige Möglichkeiten zur Verbesserung der Englischkompetenz vorgestellt, die von zu Hause aus durchzuführen sind:

Strobel/Sutter: Englisch fachfremd unterrichten – Die Basis
© Auer Verlag

Eventuell haben Sie bereits einen Zertifikatskurs (mit zusätzlichem methodisch-didaktischem Seminar) absolviert, um Englisch unterrichten zu dürfen. Falls Sie aber komplett fachfremd ohne derartige Weiterbildung unterrichten, bietet es sich durchaus an, einen solchen Kurs, z.B. C1, zu besuchen. Diese sind oft auf den Englischunterricht für die Grundschule zugeschnitten. Auch an der Volkshochschule werden normalerweise jedes Semester Englischkurse für Erwachsene angeboten. Inzwischen gibt es auch im Internet Sprachkurse, bei denen man bequem von zu Hause aus mit verschiedenen Übungsformen und Tandempartnern die Sprache vertiefen kann (z.B. www.babbel.de). Sprachkurse zum Selbstlernen mit Audiomaterial können Sie in Buchhandlungen finden.

Eine andere Möglichkeit ist die Nutzung englischsprachiger Medien:

- DVDs können heute meist ohne Probleme auf Englisch umgestellt werden. Beginnen Sie mit einfachen Filmen oder sogar Serien. Vermeiden Sie Filme mit starkem Akzent. Der Südstaatenakzent in einigen amerikanischen Filmen wie „Oh brother where are thou" oder „Gran Torino" ist sehr schwer zu verstehen.

- Englischsprachiges Radio kann – heutzutage einfach über das Internet – empfangen werden. Auch hier gilt es einen nicht zu anspruchsvollen, gut verständlichen Sender zu finden. Lassen Sie sich Zeit mit dem Einhören, denn am Anfang ist die Sprache noch schnell und ungewohnt. Aber nach ein paar Tagen wird es Ihnen leichter fallen.

- Hörspiele gibt es auch auf Englisch. Sie können sehr gut nebenher bei Tätigkeiten im Haushalt, beim Autofahren, Sport o.Ä. gehört werden.

- Englische Bücher findet man inzwischen auch auf dem deutschen Markt in allen Schwierigkeitsstufen. Diese sind besonders für visuelle Lerntypen geeignet und dafür, auch die Rechtschreibung zu verinnerlichen. Es muss dabei nicht jedes Wort verstanden werden. Beschränken Sie sich erst auf den Gesamtzusammenhang und schlagen Sie nur die Schlüsselwörter nach. Mit der Zeit werden Sie immer mehr verstehen.

Besonders in Universitätsstädten gibt es die Möglichkeit, Tandempartner (englische Muttersprachler, die Deutsch lernen möchten und mit denen Sie sich bei gemeinsamen Treffen gegenseitig Ihre Muttersprache beibringen) zu finden und durch den Kontakt mit diesen Ihre kommunikative Kompetenz zu schulen.
Pflegen Sie E-Mail-Freundschaften mit Bekannten, die Sie im englischsprachigen Ausland oder auf andere Weise kennengelernt haben. Je mehr Englisch Sie in Ihrem Alltag hören, lesen, schreiben und sprechen, desto sicherer fühlen Sie sich in der englischen Sprache.

3. Evaluation des Unterrichts

Trotz aller Perfektion hat der Unterricht jedes Lehrers die eine oder andere Schwachstelle. Als Fachfremder fehlen besonders die Übung und die Routine. Um die „Knackpunkte" – und somit die Ansatzpunkte zur persönlichen Verbesserung – zu ermitteln, finden sich im Anhang zwei Fragebögen (KV 14).
Der erste ist ein Fragebogen zur Selbsteinschätzung. Nehmen Sie sich nach Ihrer Englischstunde die Zeit, sich selbst einzuschätzen. Am besten geht das, wenn Sie sich beim Unterrichten filmen und später die Aufnahme anschauen. Da dies aber natürlich etwas aufwendig ist, können Sie den Bogen auch aus der Erinnerung sofort nach der Stunde ausfüllen.
Sich selbst objektiv zu bewerten, ist nicht einfach. Daher finden Sie im Anhang auch einen Fragebogen zur Fremdeinschätzung. Bitten Sie einen Kollegen, sich einmal während Ihres Englischunterrichts unauffällig mit ins Klassenzimmer zu setzen und sich mithilfe des Fragebogens eine Meinung zu den verschiedenen Aspekten Ihres Unterrichts zu bilden. Vielleicht können Sie im Gegenzug auch eine seiner Unterrichtsstunden besuchen und diese beurteilen. Die Anregungen eines Kollegen können sehr hilfreich sein, um sich und seinen Unterricht weiterzuentwickeln.

Die Auswertung

Bei der Fremdevaluation ist es gut, mit dem Kollegen über die Stunde und den Fragebogen zu sprechen. Vergleichen Sie Ihre Selbst- mit der Fremdeinschätzung Ihres Kollegen.

Bei den Fragen, deren Antwort bei „immer" oder „häufig" liegt, besteht kein Handlungsbedarf. Beginnen Sie mit den Fragen, die am weitesten auf der rechten Seite angekreuzt wurden (also Richtung Antwort „nie"). Zu jeder Frage finden Sie im Folgenden Tipps, was Sie zu ändern versuchen und wo sie bestimmte Anregungen, die Ihnen bei der Verbesserung Ihres Unterrichts helfen, nachlesen können. Greifen Sie für Ihre nächste Englischstunde dann nur einen Schwachpunkt heraus, den Sie in Angriff nehmen wollen. Haben Sie diesen gemeistert, können Sie sich den nächsten vornehmen.

1. Verstehen mich die Schüler, wenn ich Englisch spreche?

Vorneweg ist zu sagen: Die Schüler müssen nicht jedes Wort verstehen. Sie sollen den Sinn der Aussage erfassen und nach und nach die einzelnen Wörter lernen. Trotzdem müssen die Schüler den Lehrer verstehen können. Die zweite bis siebte Frage beschäftigen sich mit Teilaspekten dieser Frage. Generell sollten Sie in kurzen und prägnanten Sätzen sprechen und diese mit Gestik, Mimik und weiteren Visualisierungsmöglichkeiten unterstreichen. Am besten formulieren Sie diese bereits in der Unterrichtsplanung.

2. Spreche ich langsam und deutlich?

Kurze und eindeutige Sätze spontan zu formulieren, ist gar nicht einfach. Besonders wenn man unsicher ist, neigt man dazu, undeutlich zu sprechen. Formulieren Sie wichtige Elemente (z. B. eine Erklärung oder den Einstieg) schon in der Unterrichtsplanung und notieren Sie sich diese. Achten Sie auf Ihre Lippenbewegung, denn dadurch wird Ihre Aussprache automatisch deutlicher und langsamer. Übungen und Tipps zur Verbesserung der Aussprache finden Sie in den Kapiteln 2.1 und 2.2.

3. Nutze ich viel Gestik und Mimik, um das Verstehen zu erleichtern?

Ihre Gestik und Mimik darf im Fremdsprachenunterricht ruhig etwas übertrieben sein (aber nicht unnatürlich). Üben Sie vor dem Spiegel und stellen Sie das Gesagte fast schon pantomimisch dar. Dies erleichtert den Kindern das Verstehen sehr und der Englischunterricht wird dadurch lebendiger und motivierender (s. 1.2 Verstehen erleichtern: Gestik und Mimik).

4. Nutze ich Visualisierungen, um das Verstehen zu erleichtern?

Wenn das Gesprochene mit Bildern unterstützt wird, hilft das den Schülern, die fremde Sprache zu verstehen und sie mit Bedeutung zu verknüpfen. Versuchen Sie, Visualisierungen verstärkt einzusetzen. In den Praxisbänden finden Sie zu jeder Unterrichtsstunde die passenden Visualisierungen und deren genau beschriebenen Einsatz. Im Materialteil dieses Buches sind zahlreiche Materialien, die Sie in Ihrem Unterricht als Visualisierungen nutzen können. Achten Sie darauf, dass die Bilder, die Sie im Unterricht einsetzen wollen, ausreichend groß und gut zu erkennen sind (s. 1.2 Verstehen erleichtern: Visualisierungen).

5. Setze ich „classroom phrases" passend und oft ein?

Für die Schüler sind die „classroom phrases" und deren regelmäßiger Einsatz sehr wichtig. Sie erkennen die Sätze wieder, verbinden sie mit einer Handlung und somit mit ihrer Bedeutung. Nach einer Weile werden die Schüler die Sätze auch eigenständig nutzen. Damit Sie als Lehrer die „classroom phrases" stets vor Augen haben, können Sie sich diese auf das Pult oder Ihre Englischmappe kleben oder direkt in Ihrem Stundenverlauf notieren (s. 1.3 Classroom phrases).

6. Gehe ich auf Englisch auf Schüleräußerungen ein?

Das richtige Eingehen auf Schüleräußerungen muss man üben. Versuchen Sie es immer wieder. Beispiele und Erklärungen dazu finden Sie unter anderem im Kapitel 1.5 Unterrichtssprache beim Punkt „Corrective feedback".

Strobel/Sutter: Englisch fachfremd unterrichten – Die Basis
© Auer Verlag

7. Kann ich sprachbezogene Fragen der Schüler, z.B. nach englischen Vokabeln, beantworten?

Selbst Fachkräfte haben nicht alle Antworten zu Fragen über die englische Sprache parat. Ein englisches Bildlexikon im Klassenzimmer ist daher eine große Hilfe. Vielleicht können leistungsstärkere Schüler, vor allem in der dritten und vierten Klasse, das gesuchte Wort selbst im Lexikon herausfinden. Eine andere Möglichkeit ist, den Kindern als (freiwillige) Hausaufgabe aufzugeben, das gesuchte Wort zu recherchieren.

8. Kann ich den Schülern zeigen, dass Englischunterricht Spaß macht?

Zeigen Sie Ihren Schülern, dass Sie selbst Freude an der englischen Sprache und am Unterrichten haben. Machen Sie motiviert bei den Liedern und Reimen mit. Lächeln Sie Ihre Schüler an, denn das wird von den Kindern oft als Lob gesehen und motiviert zusätzlich. Stellen Sie kurzen Blickkontakt zu den einzelnen Schülern her und nicken Sie Ihnen aufmunternd zu. Besonders stille Kinder brauchen diese Art von Lob sehr. Durch das Einstiegsritual (s. 1.1 Rituale) wird den Kinder vermittelt, dass jetzt etwas Besonderes kommt, auf das man sich freuen kann. Versuchen Sie, diese freudige, erwartungsvolle und positive Einstellung der Schüler aufrechtzuerhalten.

9. Sind die Schüler im Englischunterricht motiviert?

Der Englischunterricht hat sehr viele spielerische Elemente. Bauen Sie diese in jede Stunde ein. Die Handpuppe motiviert erfahrungsgemäß sehr (s. 1.6 Handpuppe), aber auch Spiele, Reime und Lieder machen den Kindern viel Spaß (s. 1.10 Die englische Sprache sprechen: Motivierende Redeanlässe). Die Anerkennung des Lehrers dafür, dass die Schüler z. B. ein ganzes Lied auf Englisch gelernt haben, motiviert die Kinder ungemein. Nutzen Sie auch Gelegenheiten, bei denen Ihre Schüler Ihr Können Ihren Eltern oder Schülern anderer Klassen präsentieren können. Deren Lob wird die jungen Englischlerner zusätzlich motivieren.

10. Sind die Übungsformen für Wörter, Reime und Lieder variationsreich?

Um die fremde Sprache „ins Ohr" zu bekommen, muss man sie viel sprechen. Damit das nicht langweilig wird, gibt es viele Möglichkeiten: Wörter kann man mit Vokabelspielen (s. 1.10 Die englische Sprache sprechen: Motivierende Redeanlässe) sehr gut üben, Chorsprechübungen werden durch verschiedene Sprechvariationen interessant gestaltet (s. 1.10 Die englische Sprache sprechen: Chorsprechübungen), ... Dazu passende Visualisierungshilfen finden Sie im Materialteil (KV 8, 10, 11 und 12).

11. Ist mein Englischunterricht klar gegliedert?

Achten Sie bei der Planung Ihres Unterrichts auf die unten genannten Phasen. Besonders der Beginn und das Ende sollten bei allen Englischstunden gleich sein, um den Kindern durch eine klare Struktur Sicherheit zu geben.

- ☐ Anfangsritual
- ☐ Einstieg ins Thema
- ☐ Einführung der Vokabeln
- ☐ Erarbeitung
- ☐ Festigung
- ☐ Abschlussritual

12. Nutze ich authentische Materialien (Bücher, Reime, Lieder, …)?

Authentische Materialien sind im Englischunterricht unerlässlich, da sie ein Stück Kultur der englischsprachigen Länder darstellen. Eine Liste guter Kinderbücher finden Sie im Literaturverzeichnis, ausgesuchte Reime, Lieder und Zungenbrecher im Kapitel 1.10 Die englische Sprache sprechen beim Punkt „Motivierende Redeanlässe".

Strobel/Sutter: Englisch fachfremd unterrichten – Die Basis
© Auer Verlag

13. Bekommen die Schüler authentischen sprachlichen Input (Audio- und Videomaterial)?

Besonders wenn Ihre Aussprache nicht ganz so gut ist, ist es sehr wichtig, dass Ihre Schüler durch Audio- oder Videomaterial die Gelegenheit bekommen, ein gutes Sprachvorbild zu hören. Aber auch, wenn der Lehrer eine sehr gute Aussprache hat, sind authentische Audiomaterialien wichtig, da sie ein Stück Kultur der anderen Länder darstellen. Durch sie hört der Schüler verschiedene Varianten der englischen Sprache, zum Beispiel das British English im Gegensatz zum American English, und er lernt, sich auf unterschiedliche Sprecher einzustellen. Außerdem sind verschiedene Sprachbeispiele spannend und motivieren zusätzlich (s. 1.7 Einsatz von authentischem Material).

14. Trauen sich die Schüler, im Englischunterricht zu sprechen?

Besonders jüngere Schüler nehmen oft erst einmal viel auf, bevor sie selbst Sprache produzieren. Kein Kind sollte zum Sprechen gezwungen werden. Jedoch kann man durch Chorsprechen (s. 1.10 Die englische Sprache sprechen: Chorsprechübungen) behutsam die Hemmung nehmen. Eine weitere Hilfestellung ist es, wenn der Schüler nicht allein vor der Klasse sprechen muss, sondern er einen bestimmten „chunk" zusammen mit dem Lehrer oder einem Klassenkameraden sprechen kann. In Liedern und Reimen sowie in Spielen merken die Kinder oft überhaupt nicht, dass sie gerade eine Fremdsprache verwenden (s. 1.10 Die englische Sprache sprechen: Motivierende Redeanlässe).

15. Kann ich auf Fehler der Schüler eingehen und sie durch „corrective feedback" berichtigen?

Das richtige Eingehen auf Schüleräußerungen und den Umgang mit Fehlern muss man üben. Versuchen Sie es immer wieder. Beispiele und Erklärungen dazu finden Sie im Kapitel 1.5 Unterrichtssprache beim Punkt „Corrective feedback".

16. Nutzen die Schüler bereits selbstständig kleinere englische Formulierungen?

Nutzen Sie die „classroom phrases" häufig und sprechen Sie diese stets langsam und deutlich. Bei Gelegenheit (z. B. wenn ein Schüler auf die Toilette muss) lassen Sie die ganze Klasse den entsprechenden Satz wiederholen oder sprechen Sie ihn gemeinsam mit dem jeweiligen Schüler. Auf Deutsch gesprochene „classroom phrases" kann man mit der Frage „Can you say that in English?" aus den Schülern herauslocken. So lernen die Kinder, die Sätze zu nutzen, ohne sich aber unter Druck gesetzt zu fühlen (s. 1.3 Classroom phrases).

17. Können sich die Schüler die eingeführten Vokabeln merken und sie nutzen?

Um die neuen Vokabeln dauerhaft zu speichern, braucht es viel Übung und Festigung. Auch die Verknüpfung mit Bildern kann für viele Kinder hilfreich sein. Das Chorsprechen ermöglicht den Schülern, im geschützten Rahmen das Wort auszuprobieren.

Strobel/Suter: Englisch fachfremd unterrichten – Die Basis
© Auer Verlag

Material

Im Folgenden wird der Einsatz aller Materialien, die Ihnen als Kopiervorlagen in diesem Buch angeboten und in den ersten beiden Kapiteln erwähnt wurden, erklärt.

KV 1 Drehschalter

Malen Sie Drehschalter und Pfeil farbig an, laminieren Sie die Vorlage und schneiden Sie die beiden Teile aus. Stechen Sie an den markierten Stellen ein Loch durch Schalter und Pfeil und fügen Sie sie mit einer Musterklammer zusammen. Nun können Sie den Drehschalter als Ritual zur Stundeneröffnung und zum Stundenabschluss nutzen, um Englisch ein- bzw. wieder auszuschalten.

KV 2 Fachkarte Englisch

Diese Karte können Sie als Symbol dafür, dass nun der Englischunterricht beginnt, vor jeder Englischstunde an die Tafel hängen. Kopieren Sie die Karte dazu in einer Größe, in der sie von allen Schülern gut wahrgenommen wird, malen Sie sie an und laminieren Sie sie.

KV 3 Deckblatt für Englischordner

Diese Vorlage können Sie zu Beginn des Schuljahres im Klassensatz kopieren und von den Kindern gestalten lassen. Wenn die Kinder das Deckblatt in eine Klarsichthülle schieben, ist es im Ordner besser geschützt.

KV 4 Wetterstation

Diese Wetterstation können Sie entweder wie die Ritualkarten einsetzen oder aber im Klassensatz kopieren und jeden Schüler das Wetter regelmäßig zu Hause oder im Unterricht einstellen lassen. Wird die Wetterstation als Ritual verwendet, bietet es sich an, sie nach dem Anmalen zu laminieren. Zum Einstellen des Wetters benötigen Sie Wäscheklammern.

KV 5 Ritualkarten: Wochentage, Monate, Jahreszeiten

Diese Bildkarten können Sie zu Beginn jeder Englischstunde oder jedes Schultages im Zuge eines Anfangsrituals einsetzen. Kopieren Sie die Karten dazu in einer Größe, in der sie von allen Schülern gut wahrgenommen werden, malen Sie sie an und laminieren Sie sie.

KV 6 Materialkarten

Falls Sie keine Realien zur Hand haben, können Sie die Materialkarten zur visuellen Unterstützung Ihrer Arbeitsanweisungen verwenden. Kopieren Sie die Karten dazu in einer Größe, in der sie von allen Schülern gut wahrgenommen werden, malen Sie sie an und laminieren Sie sie.

KV 7 Themenkarten

Diese Karten können Sie zur visuellen Unterstützung an die Tafel hängen, während das jeweilige Thema behandelt wird. Kopieren Sie die Karten dazu in einer Größe, in der sie von allen Schülern gut wahrgenommen werden, malen Sie sie an und laminieren Sie sie. Außerdem können die Themenkarten – in kleinerer Größe – fürs Portfolio verwendet werden.

KV 8 Bildkarten

Die Bildkarten können Sie, je nach Bedarf, auf die gewünschte Größe kopieren, ausmalen und laminieren. Sie können mit den einzelnen Bildern die verschiedenen Blankovorlagen, die Ihnen in diesem Buch angeboten werden, füllen. Bei den angebotenen Bildern handelt es sich um einen Grundwortschatz, der im Laufe der Grundschulzeit mit den Kindern behandelt werden kann. Der Großteil der Wörter findet sich auch in den Praxisbänden der Reihe „Englisch fachfremd unterrichten" wieder. Auf Spezialwortschatz wurde im Basisband allerdings verzichtet.

KV 9 Bildlexikon: Deckblatt und Blankovorlagen für die Innenseiten

Die Vorlage für das Deckblatt können Sie im Klassensatz kopieren und von den Kindern gestalten lassen. Alternativ kann sie auch für ein Klassenbildlexikon genutzt werden.

Auf den Blankovorlagen für die Innenseiten können von den Schülern die Bildkarten, nach Themenbereichen geordnet, eingeklebt werden. Sollten den Kindern zu einem Themenbereich noch weitere Wörter wichtig sein, können sie die entsprechenden Bilder selbstständig dazumalen. Bei der Blankovorlage für die dritte und vierte Klasse können die Schüler die Wörter zusätzlich unter die Bilder schreiben.

KV 10 Blankovorlagen Spiele: Minibuch, Memory®, Bingo, Domino, Quartett

Die Blankovorlagen der Spiele können Sie mit den Bildkarten zu beliebigen Themen füllen und somit Material für weitere Englischstunden oder die Freiarbeit herstellen. Beim Basteln des Minibuchs gehen Sie folgendermaßen vor:

Vorlage für ein Minibuch:

ㄥ	9	ϛ	ㄣ
8	1	2	3

1. Nehmen Sie ein DIN-A4-Blatt, halbieren Sie es und falten Sie es in der Mitte.

2. Schneiden Sie die gestrichelte Linie mit einer Schere ein.

3. Falten Sie das Blatt wieder auseinander und falten Sie es erneut in die andere Richtung in der Mitte.

4. Falten Sie jede Linie einmal.

5. Falten Sie das Blatt längs in der Mitte, stellen Sie es mit gefalteter Kante nach oben auf und halten es an beiden Enden fest.

6. Jetzt liegen Seite 3 + 4 und 7 + 8 mit den Rückseiten aneinander. Schieben Sie das Blatt von beiden Seiten zusammen, sodass aufgrund des Schnitts in der Mitte die Seiten 1 + 2 und 3 + 4 mit den Rückseiten aneinander liegen.

7. Falten Sie alle Seiten in eine Richtung und falten Sie es so zu einem Buch.

8. Achten Sie darauf, dass die Titelseite vorne ist.

KV 11 Chorsprechübungen-Büchlein
Kopieren Sie die einzelnen Bilder auf DIN-A4-Größe und binden Sie diese zu einem Büchlein zusammen. Dieses können Sie selbstverständlich mit weiteren Chorsprechvariationen ergänzen.

KV 12 Motivierende Redeanlässe: Zungenbrecher, Finger- und Bewegungsreime, Klatschspiele und Abzählverse, Entspannungsübungen, Lieder, Spiele, Vokabelspiele
Malen Sie die Bilder bunt an und laminieren Sie sie. Die so entstandenen Karten können Sie vielfältig einsetzen: als visuelle Unterstützung bei der Erklärung oder Ankündigung eines Spiels, Reims oder Lieds, zum Aussuchen als Geburtstagsgeschenk („Weil du heute Geburtstag hast, darfst du dir aussuchen, mit welchem Lied/Spiel/Reim/... wir heute den Englischunterricht beginnen."), zum Ziehen als kleine Zwischenübung innerhalb der Stunde, ... Als Erinnerungsstütze können Sie sich die Erklärungen und Texte auf die Rückseite der jeweiligen Karte schreiben.

KV 13 Portfolio: Deckblatt und Blankovorlage für die Innenseiten
Kopieren Sie sowohl das Deckblatt als auch die Innenseite im Klassensatz. Das Deckblatt können die Schüler nach ihren Vorstellungen farbig gestalten. Die Innenseite ist so aufgebaut, dass Sie sie für jeden Themenbereich verwenden können. Lassen Sie die Schüler die entsprechende Themenkarte (KV 7) in den obersten Kasten kleben oder das Thema hineinschreiben. In die Schatzkarten können die Kinder schreiben, malen oder Bildkarten einkleben.

KV 14 Evaluation: Lehrerselbst- und Lehrerfremdeinschätzungsbogen
Diese Fragebögen sind für Sie selbst bzw. für den Kollegen gedacht, der Ihre Stunde besucht und Sie dabei beobachtet, um Ihnen ein Feedback zu Ihrem Unterricht zu geben, sodass Sie sich selbst weiterentwickeln können.

Strobel/Sutter: Englisch fachfremd unterrichten – Die Basis
© Auer Verlag

KV 1 Drehschalter

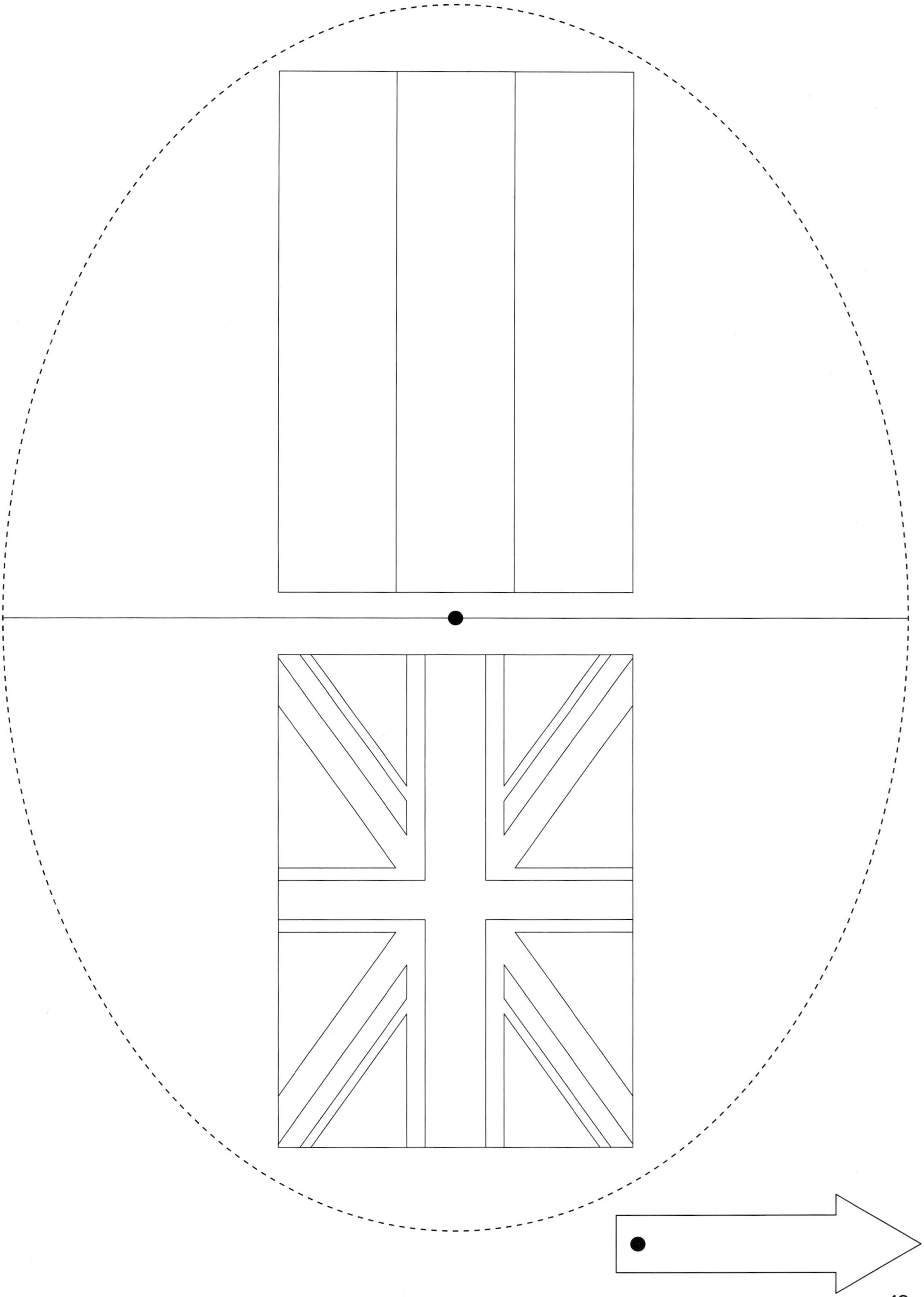

Strobel/Sutter: Englisch fachfremd unterrichten – Die Basis
© Auer Verlag

English

Name: _____

Class: _____

Strobel/Sutter: Englisch fachfremd unterrichten – Die Basis
© Auer Verlag

Monday

Tuesday

Wednesday

Thursday

Friday

Saturday

Sunday

January

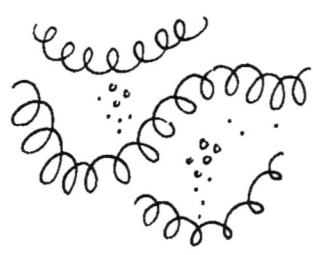

February

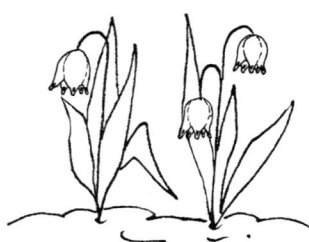

March

April

May

June

July

August

September

Strobel/Sutter: Englisch fachfremd unterrichten – Die Basis
© Auer Verlag

October

November

December

Spring

Summer

Autumn

Winter

Strobel/Sutter: Englisch fachfremd unterrichten – Die Basis
© Auer Verlag

Material

Meeting people

Numbers

Colours

Feelings

At school

My body

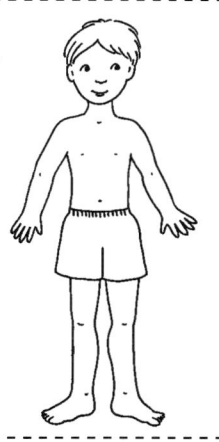

Family and friends

Through the year

Special days

Weather

Animals

Clothes

Food and drinks

Travelling

At home

Free time

Strobel/Sutter: Englisch fachfremd unterrichten – Die Basis
© Auer Verlag

Material

0	1	2	3
4	5	6	7
8	9	10	

zero, one, two, three, four, five, six, seven, eight, nine, ten; (drei verschiedene Kleckse für Farben:) red, orange, yellow, green, blue, purple, pink, white, black, brown; scared, happy, sad, all right, tired, angry

Material 59

bored, ill; ruler, rubber, pen, pencil, coloured pencil, scissors (Mehrzahlwort), glue stick, book, exercise book, pencil case, sharpener, folder; maths, english, german, PE, religion, art

Strobel/Sutter: Englisch fachfremd unterrichten – Die Basis
© Auer Verlag

KV 8

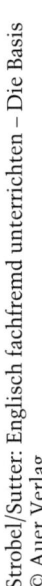

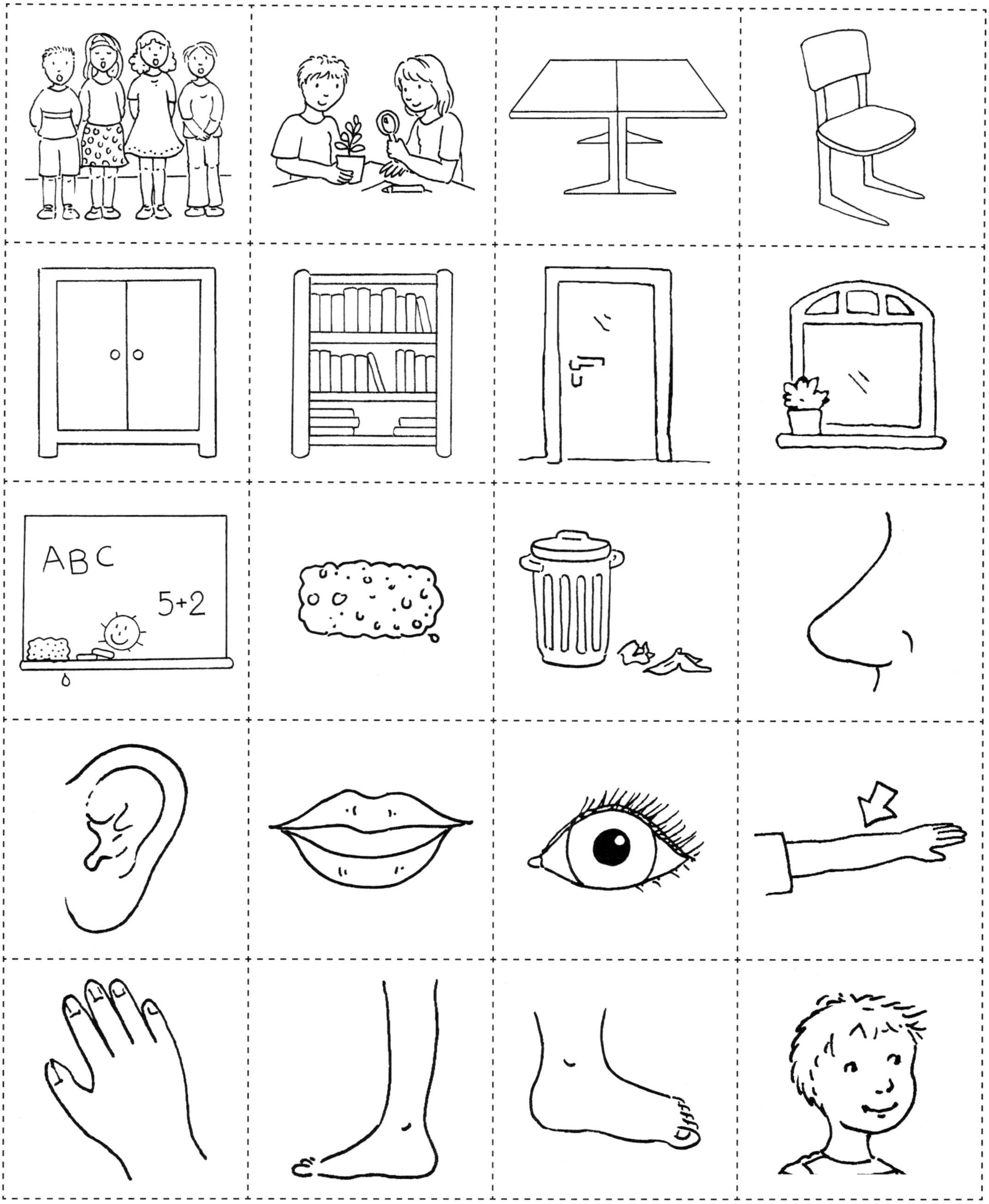

music, science; desk, chair, cupboard, shelf, door, window, board, sponge, bin; nose, ear, mouth, eye, arm, hand, leg, foot (Plural: feet), head

belly, doctor, headache, stomach ache, sore throat, fever, cold; mother, father, grandmother,
grandfather, sister, brother; January, February, March, April, May, June, July

Strobel/Sutter: Englisch fachfremd unterrichten – Die Basis
© Auer Verlag

Material

August, September, October, November, December, spring, summer, autumn, winter; birthday, New Year's Eve, Valentine's Day, Easter, Halloween, Thanksgiving, Christmas, cake, present, Easter bunny, Easter egg

pumpkin, witch, vampire, Christmas tree, reindeer (Plural: reindeer), sleigh, Santa Claus; sunny, rainy, snowy, windy, cloudy, thundery, foggy, stormy, hot, cold; cow, pig, horse

Strobel/Sutter: Englisch fachfremd unterrichten – Die Basis
© Auer Verlag

sheep (Plural: sheep), goat, chicken (Plural: chicken), rooster, duck, goose (Plural: geese), dog, cat, mouse (Plural: mice), rabbit, hamster, guinea pig, budgie, turtle, fish (Plural: fish), lion, elephant, zebra, snake, parrot crocodile, monkey, hippo, giraffe, rhino, tiger, kangaroo, bear, penguin; T-shirt, trousers (Mehr-zahlwort), dress, jacket, pullover, shirt, skirt, hat, shoes, shorts (Mehrzahlwort), jeans,

Strobel/Sutter: Englisch fachfremd unterrichten – Die Basis
© Auer Verlag

sandals, scarf, wooly hat, gloves, coat, boats, socks; banana, apple, orange, grapes, strawberry, lemon, cherry, pear, plum, peach, pineapple, fruit, tomato cucumber, lettuce, carrot, peas, pepper, onion, potato, corn, vegetable, cheese, ham, egg, bread, salt and pepper, mushroom, sausage, sandwich, pizza, spaghetti, hamburger

Strobel/Sutter: Englisch fachfremd unterrichten – Die Basis
© Auer Verlag

chips, soup, pancakes, ice cream, chocolate, cornflakes, butter, honey, jam, milk, water, juice, tea; suitcase, camera, London Tower, Tower Bridge, Buckingham Palace, Statue of Liberty, Empire State Building

Golden Gate Bridge, plane, car, bus, train, ship, taxi; house, cellar, kitchen, dining room, living room, bathroom, hall, bedroom, children's room, attic, garden

Strobel/Sutter: Englisch fachfremd unterrichten – Die Basis
© Auer Verlag

Strobel/Sutter: Englisch fachfremd unterrichten – Die Basis
© Auer Verlag

garage, table, chair, oven, stove, sink, fridge, wardrobe, shelf, bed, bathtub, washbasin, shower, toilet, sofa, armchair, window, door, stairs; swing slide, seasaw, sandbox, carousel, climbing frame; playing football, playing tennis, playing handball, playing basketball, riding a bike, inline skating, swimming, dancing, skiing, riding a horse, singing, playing the piano, reading, watching TV

Strobel/Sutter: Englisch fachfremd unterrichten – Die Basis
© Auer Verlag

Material

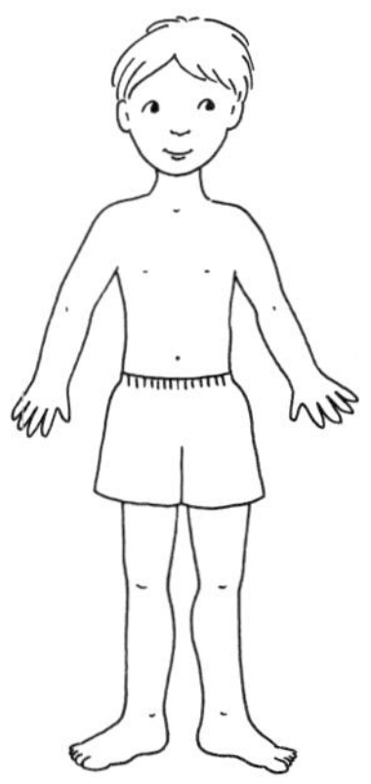

My English picture dictionary

Name: _____

Strobel/Sutter: Englisch fachfremd unterrichten – Die Basis
© Auer Verlag

Material

Material

3

4

2

5

My minibook

name: _____

6

8

7

Strobel/Sutter: Englisch fachfremd unterrichten – Die Basis
© Auer Verlag

Bingo

name: _____

Strobel/Sutter: Englisch fachfremd unterrichten – Die Basis
© Auer Verlag

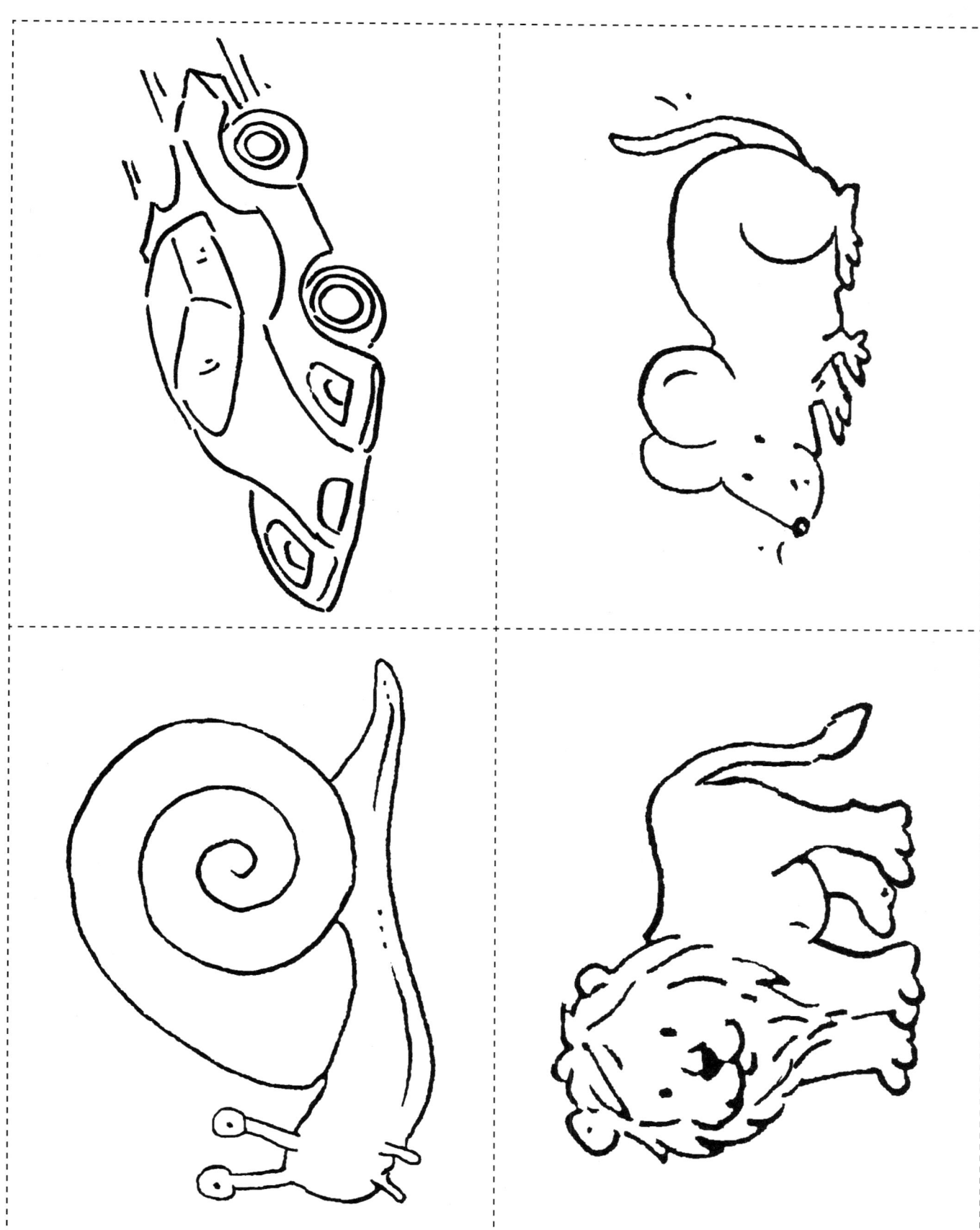

Strobel/Sutter: Englisch fachfremd unterrichten – Die Basis
© Auer Verlag

Material

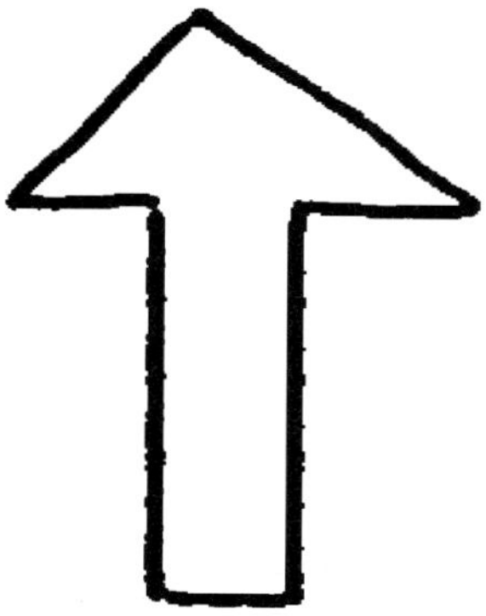

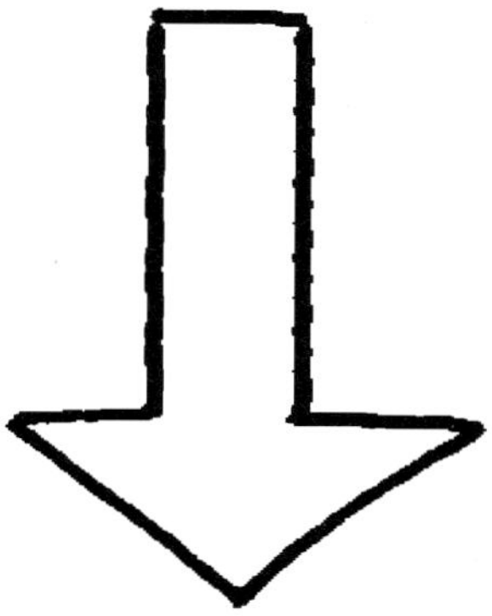

Easy tongue twister

Hard tongue twisters

Here is the father

Incy Wincy Spider

Teddy bear, teddy bear

Five little monkeys

Five little ducks

A sailor went to sea

Strobel/Sutter: Englisch fachfremd unterrichten – Die Basis
© Auer Verlag

Material

Who stole the cookie?

One, two, buckle my shoe

Pizza, pizza

Good morning to you

Ten little dragons

If you're happy and you know it

Head and shoulders, knees and toes

Old MacDonald

How's the weather?

Hokey Pokey

We wish you a Merry Christmas

If you're wearing red today

The wheels on the bus

I like the flowers

Incy Wincy Spider

Brother John

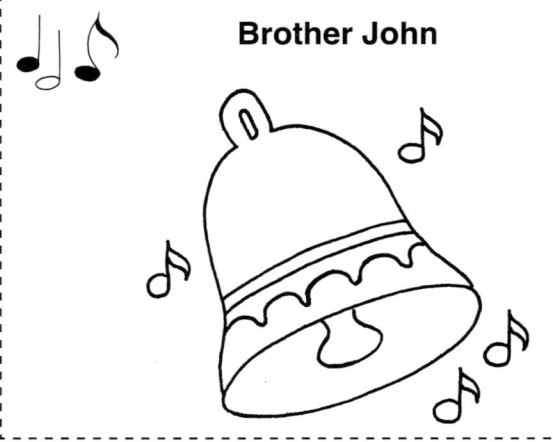

Material

Bingo

In my suitcase

I spy with my little eye

Memory®

One, two, three, please come to me

Fruit salad

Simon says

Poor black cat

Strobel/Sutter: Englisch fachfremd unterrichten – Die Basis
© Auer Verlag

Happy families

Family Miller

Mr Crocodile

Hopscotch

Domino

What's missing?

Vocabulary snake

Whispering chain

Find it!

Snap!

Pantomime!

Silent artist

Clap and stamp

Ball game

Feel it!

Strobel/Sutter: Englisch fachfremd unterrichten – Die Basis
© Auer Verlag

Mein Englisch-Portfolio

Name: _____

Klasse: _____

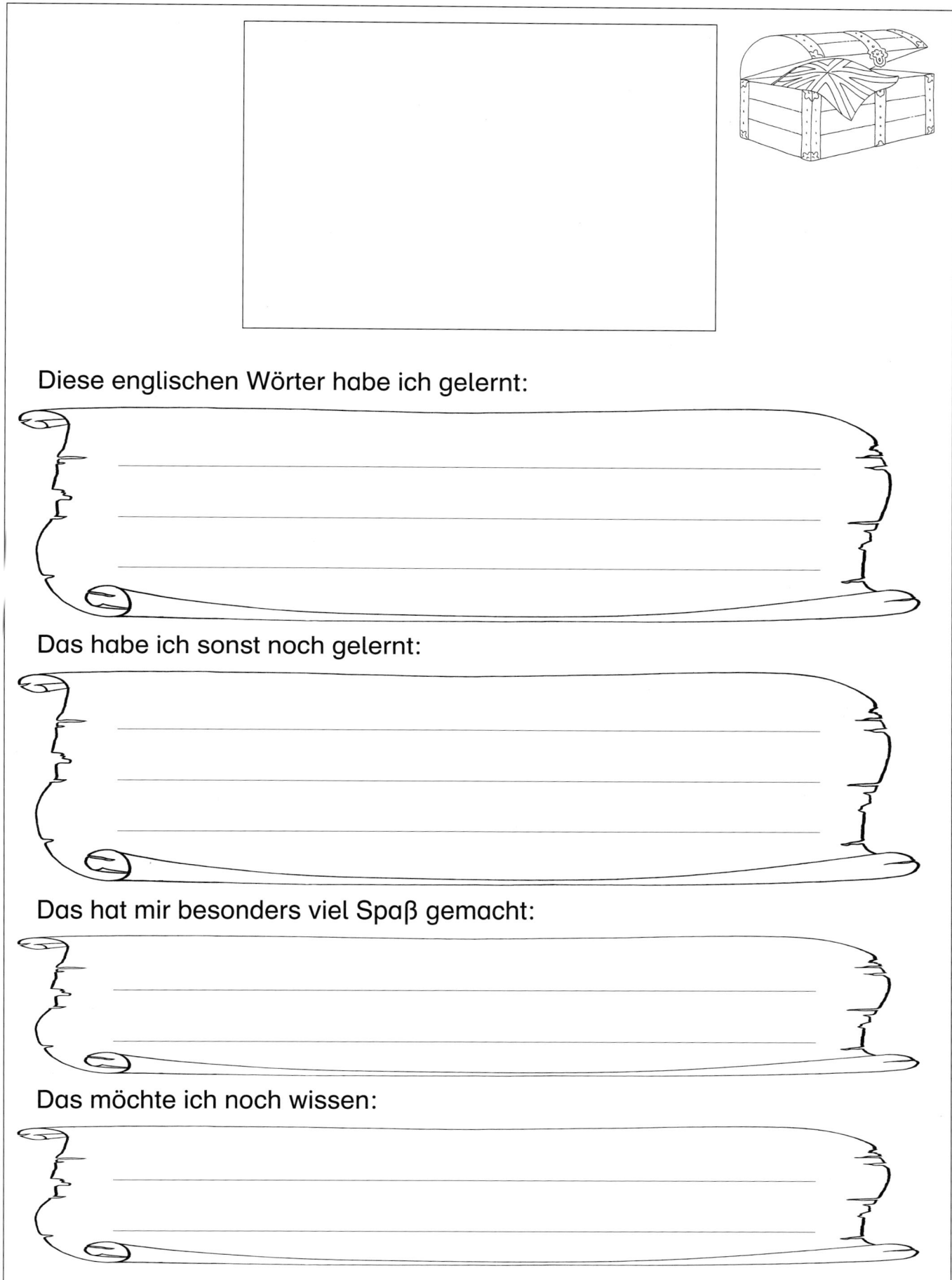

Diese englischen Wörter habe ich gelernt:

Das habe ich sonst noch gelernt:

Das hat mir besonders viel Spaß gemacht:

Das möchte ich noch wissen:

KV 14 Evaluation: Lehrerselbsteinschätzungsbogen

	immer	häufig	selten	nie
1. Verstehen mich die Schüler, wenn ich Englisch spreche?				
2. Spreche ich langsam und deutlich?				
3. Nutze ich viel Gestik und Mimik, um das Verstehen zu erleichtern?				
4. Nutze ich Visualisierungen, um das Verstehen zu erleichtern?				
5. Setze ich „classroom phrases" passend und oft ein?				
6. Gehe ich auf Englisch auf Schüleräußerungen ein?				
7. Kann ich sprachbezogene Fragen der Schüler, z. B. nach englischen Vokabeln, beantworten?				
8. Kann ich den Schülern zeigen, dass Englischunterricht Spaß macht?				
9. Sind die Schüler im Englischunterricht motiviert?				
10. Sind die Übungsformen variationsreich?				
11. Ist mein Englischunterricht klar gegliedert? ☐ Anfangsritual ☐ Einstieg ins Thema ☐ Einführung der Vokabeln ☐ Erarbeitung ☐ Festigung ☐ Abschlussritual				
12. Nutze ich authentische Materialien (Bücher, Reime, Lieder, …)?				
13. Bekommen die Schüler authentischen sprachlichen Input (Audio- und Videomaterial)?				
14. Trauen sich die Schüler im Englischunterricht zu sprechen?				
15. Kann ich auf Fehler der Schüler eingehen und sie durch „corrective feedback" berichtigen?				
16. Nutzen die Schüler bereits selbstständig kleinere englische Formulierungen?				
17. Können sich die Schüler die eigeführten Vokabeln merken und sie nutzen?				

Material

KV 14 Evaluation: Lehrerfremdeinschätzungsbogen

Material	immer	häufig	selten	nie
1. Verstehen die Schüler den Lehrer, wenn er Englisch spricht?				
2. Spricht der Lehrer langsam und deutlich?				
3. Nutzt der Lehrer viel Gestik und Mimik, um das Verstehen zu erleichtern?				
4. Nutzt der Lehrer Visualisierungen, um die das Verstehen zu erleichtern?				
5. Setzt der Lehrer „classroom phrases" passend und oft ein?				
6. Geht der Lehrer auf Englisch auf Schüleräußerungen ein?				
7. Kann der Lehrer sprachbezogene Fragen der Schüler, z. B. nach englischen Vokabeln, beantworten?				
8. Kann der Lehrer den Schülern zeigen, dass Englischunterricht Spaß macht?				
9. Sind die Schüler im Englischunterricht motiviert?				
10. Sind die Übungsformen variationsreich?				
11. Ist der Englischunterricht klar gegliedert? ☐ Anfangsritual ☐ Einstieg ins Thema ☐ Einführung der Vokabeln ☐ Erarbeitung ☐ Festigung ☐ Abschlussritual				
12. Nutzt der Lehrer authentische Materialien (Bücher, Reime, Lieder, …)?				
13. Bekommen die Schüler authentischen sprachlichen Input (Audio- und Videomaterial)?				
14. Trauen sich die Schüler im Englischunterricht zu sprechen?				
15. Kann der Lehrer auf Fehler der Schüler eingehen und sie durch „corrective feedback" berichtigen?				
16. Nutzen die Schüler bereits selbstständig kleinere englische Formulierungen?				
17. Können sich die Schüler die eingeführten Vokabeln merken und nutzen sie diese?				

KV 14 Evaluation: Lehrerfremdeinschätzungsbogen

Notieren Sie hier bitte weitere Beobachtungen:
(Was ist besonders gut, woran kann Ihr Kollege noch arbeiten, was fällt Ihnen auf?)

_____

_____

_____

_____

_____

_____

_____

_____

_____

_____

_____

Vielen Dank für Ihre Mühe!

Strobel/Sutter: Englisch fachfremd unterrichten – Die Basis
© Auer Verlag

Literaturverzeichnis

Fachliteratur

Bayerisches Staatsministerium für Unterricht und Kultus (2000): Lehrplan für die bayerische Grundschule. J. Maiß, München

Bleyhl, Werner (2002): Fremdsprachen in der Grundschule. Geschichten erzählen im Anfangsunterricht. Storytelling. Schroedel, Hannover

Cameron, Lynne (2001): Teaching language to young learners. Cambridge University Press, Cambridge

Ellis, Gail/Brewster, Jean (2002): Tell it again! The new storytelling handbook for primary teachers. Pearson, Harlow

Klippel, Friederike (2000): Englisch in der Grundschule. Cornelsen Scriptor, Berlin

Ministerium für Kultus, Jugend und Sport Baden-Württemberg (2004): Bildungsplan für die Grundschule. Neckar, Villingen-Schwenningen

Möller, Olaf (2007): Große Handpuppen ins Spiel bringen. Ökotopia, Münster

Müller-Hartmann, Andreas/Schocker-v. Ditfurth, Marita (2011[8]): Introduction to English language teaching. Klett, Stuttgart

Wright, Andrew (2008[2]): Storytelling with children. Oxford University Press, Oxford

Yule, George (2000): The study of language. Cambridge University Press, Cambridge

CD-Empfehlungen

Sutter, Anne Charlotte (2011): Englische Kinderlieder für die Grundschule. Auer, Augsburg

Conn Beall, Pamela/Hagen Nipp, Susan (2005): Wee Sing Children's Songs and Fingerplays. Penguin, New York

Kinderliteratur in englischer Sprache

Barrett, Judi (1982): Cloudy with a chance of meatballs. Atheneum Books for Young Readers, New York

Blake, Quentin (2011): Angelica Spocket's pockets. Red Fox, London

Brocklehurst, Ruth (2009): 1001 animals to spot. Usborne Publishing, London

Brown, Marx (1985): Witches four. Picture Corgi Books, London

Butler, M. Christina/Macnaughton, Tina (2004): One snowy night. Little Tiger Press, London

Butterworth, Nick (2011): One snowy night. HarperCollins, London

Cain, Janan (2000): The way I feel. Scholastic, New York

Campbell, Rod (1984): Dear zoo. Puffin Books, London

Carle, Eric (2007): Brown bear, brown bear, what do you see? Puffin Books, London

Carle, Eric (1999): From head to toe. HarperCollins, New York

Carle, Eric (1988): The mixed-up chameleon. HarperCollins, New York

Carle, Eric (2011): The very busy spider. Puffin Books, London

Carle, Eric (2002): The very hungry caterpillar. Puffin Books, London

Charles, Faustin (2005): The selfish crocodile. Bloomsbury Publishing, London

Cole, Babette (2012): Princess Smartypants. Puffin Books, London

Cousins, Lucy (2009): Maisy bakes a cake. Walker Books, London

Cousins, Lucy (2008): Maisy goes to the playground. Walker Books, London

Donaldson, Julia/Scheffler Axel (2004): A squash and a squeeze. Macmillan Children's Books, London

Donaldson, Julia/Scheffler, Axel (2000): Monkey puzzle. Macmillan Children's Books, London

Donaldson, Julia/Scheffler, Axel (2001): Room on the broom. Macmillan Children's Book, London

Donaldson, Julia/Scheffler, Axel (1999): The Gruffalo. Macmillan Children's Books, London

Hill, Eric (2003): Spot counts from 1 to 10. G.P. Putnam's Sons Books for Young Readers, New York

Hill, Eric (2009): Spot goes on holiday. Warne, New York

Hill Eric (2003): Spot goes to the farm. Warne, New York

Hill, Eric (2010): Spot's first Christmas. Warne, New York

Kerr, Judith (2006): The tiger who came to tea. Harpercollins, London

Lionni, Leo (2008): A color of his own. Klett, Stuttgart

Lloyd, Sam (2004): What colour are your knickers? Gullane Children's Books, London

London, Jonathan (2008): Froggy gets dressed. Klett, Stuttgart

London, Jonathan (2008): Froggy goes to school. Klett, Stuttgart

London, Jonathan (2002): Froggy's best Christmas. Puffin Books, London

London, Jonathan (2001): Froggy's Halloween. Puffin Books, London

Mayhew, James (2003): Katie in London. Orchard Books, London

McKee, David (2007): Elmer. Andresen Press, London

McKee, David (1994): Elmer's colours. Andersen Press, London

McKee, David (1994): Elmer's friends. Andrsen Press, London

McKee, David (1994): Elmer's weather. Andersen Press, London

Miranda, Anne (1997): Glad monster, sad monster. A book about feelings. LB Kids, New York

Nicoll, Helen/Pienkowski, Jan (2012): Meg and Mog. Puffin Books, London

O'Connell, Jennifer (2000): Ten timid ghosts. Scholastic, New York

Rosen, Michael (2003): Snore! A noisy night for dozy dog. HarperCollins, London

Rosen, Michael (2009): We're going on a bear hunt. Walker Books, London

Scotton, Rob (2009): Merry Christmas, Splat. HarperCollins, London

Scotton, Rob (2005): Russell the sheep. HarperCollins, London

Scotton, Rob (2008): Splat the cat. HarperCollins, London

Sharratt, Nick (2006): Ketchup on your cornflakes? Scholastic, London

Sharratt, Nick (2008): The foggy, foggy forest. Walker Books, London

Silverman, Erica (1995): Big pumpkin. Aladdin Paperbacks, New York

Stoll Walsh, Ellen (1995): Mouse count. Voyager Books, Orlando

Stoll Walsh, Ellen (1995): Mouse paint. Voyager Books, Orlando

Sykes, Julie/ Warnes, Tim (2004): Shhh! Little Tiger Press, London

Temporin, Elena (2007): The gingerbread man. Usborne Publishing, London

Thomas, Valerie (2006): Winnie in winter. Cornelsen, Berlin

Thomas, Valerie/Paul, Korky (2006): Winnie the witch. Oxford University Press, Oxford

Wing, Natasha/Fisher, Cynthia (1999): The night before Halloween. Grosset & Dunlap, New York

Strobel/Sutter: Englisch fachfremd unterrichten – Die Basis
© Auer Verlag

Literaturverzeichnis